Monica Ligia Corleanca

Vieți anapoda

Monica Ligia Corleanca

Vieți
anapoda

Editura VICOVIA

2012

Copyright 2012 – Monica Ligia Corleanca
© 2012 – Editura VICOVIA

Ilustrația copertei: *Gustave Doré* – „Saltimbancii", ulei pe pânză,
1874
Ilustrații interior: *Francisco José de Goya y Lucientes* – „Capriciile",
gravuri, 1799

Descrierea CIP a Bibliotecii Naționale a României
CORLEANCA, MONICA
Vieți anapoda/Monica Ligia Corleanca, Bacău: Vicovia,
2012
ISBN 978-973-1902-71-5

821.135.1-94

Grafică și tehnoredactare: *Viorel Cucu*

Argument

Stimate prieten–cititor vei găsi aici întâmplări reale, experiențe la care am fost martoră, sau am fost implicată, fiind un spectator extrem de interesat la ceea ce se petrece în jurul meu.

Să nu mă judeci că am prezentat modele negative, însă acestea m–au marcat înțelegând că sunt mult mai multe vieți strâmbe decât firești, fiindcă în lupta cu destinul oamenii fac compromisuri, greșeli, abuzuri pe care și le ascund cu mare grijă sub cortina ipocriziei de salon.

Sufletul omului este *un univers cu legile–i proprii*, greu de pătruns, iar uneori nu se înțelege el pe el însuși.

Sunt sigură că vei găsi aici situații de care ai mai auzit, le–ai mai întâlnit, poate vei retrăi evenimente din propriile–ți experiențe de viață și mă vei aproba.

Mulțumesc pentru lectură și înțelegere.

Autoarea

Portrete

Monica Ligia Corleanca realizează în prezenta carte o adevărată galerie de „portrete" și creionează (să nu uităm că este și o excelentă graficiană) în tușe aspre, necruțătoare ori pastelate și binevoitoare, aspecte mai puțin luminoase ale vieții de cuplu.

După părerea mea, aceste „portrete" sunt de fapt numai un pretext. Un pretext de a depăna amintiri, de a surprinde o epocă și mai ales de a reflecta asupra timpului și scurgerii lui.

Fără îndoială, subiectele sunt scrise cu meșteșug și nu au cum să nu captiveze atenția cititorului. Autoarea este de multe ori nemiloasă cu personajele galeriei sale și, uneori, chiar cu sine însuși. Unele pasaje sunt aproape crude.

Lumea zugrăvită de Monica Ligia Corleanca trăiește într-un timp și în niște circumstanțe care, fulgerător, devin istorie chiar dacă importanța lor imediată este irelevantă. O „lume" care se întinde între două realități complet diferite ca spațiu și timp, condiție socială ori economică. Este agonia imigrantului aflat permanent între o lume care nu vrea să moară și una care refuză să se nască.

Alexandru Nemoianu

Uite Popa, nu e Popa

Mi–am scos într–o zi farfuriile de ceramică să le curăţ. Din colecţia mea de peste şaptezeci de farfurii româneşti, de care eram foarte mândră la Bucureşti, am putut aduce în State numai câteva să–mi bucure ochii, iar printre ele, una iraniana care avea pentru mine o semnificaţie de totem.

Am luat–o cu mare grijă din perete, am spălat–o şi m–am aşezat pe scaun s–o şterg.

Simţeam în ea forţa unei vieţi îngropate parcă undeva, în trecutul unor ani de demult, dar atingând–o mi–a transmis pentru o clipă vibraţia acelui timp. Privind–o îndelungat mi–am lăsat ochii să lunece printre culorile armonios desenate în modele islamice cu verde, cărămiziu şi alb, care mi–au scos din memorie scena unei seri de prin anii 1973 când o primisem cadou.

O luasem cu mine la plecarea spre America fiindcă marcase un punct crucial al existenţei mele. Am alunecat în tunelul timpului de unde mi–au apărut imagini ale unor evenimente trăite dar uitate.

Eram căsătorită de o vreme când în viaţa noastră de familie apăruse un anume domn Popa pe care nu–l întâlnisem, dar ştiam că ne întreţine maşina, fiind directorul unei întreprinderi de reparaţii auto, în schimbul tratamentelor primite de la soţul meu.

Pe soț îl auzisem frecvent spunându–mi că merge la „domnul Popa", deci mi se asociase în minte că domul Popa este cel care ne verifică și repară mașina și nimic mai mult.

La un moment dat am fost invitați la nunta domnului Popa cu masă mare și daruri în bani adunați de către mireasă *cu poala* rochiei de la toți salariații, pe secții, deci o cunoscusem și pe doamna.

În ultima vreme soțul începuse să–mi tot spună că trebuie să mai treacă pe la doamna Popa să vadă ce face fiind foarte bonavă, soțul ei fiind atunci plecat din țară.

Uneori mai suna doamna Popa, căutându–l tot pe soț, i–l dădeam la telefon știind cine este, dar nu–mi putea ieși din minte scena cu adunatul banilor de la nunta lor „*cu dar*", ca la țigani.

Într–o seară de sfârșit de noiembrie apare al meu soț agitat că trebuie să mergem imediat la familia Popa fiindcă l–a sunat Gela că tocmai venise din străinătate soțul ei și avea niște cadouri pentru noi. Mi–am luat paltonul pe mine și am plecat sub ochii nerăbdători ai soțului care nu prea părea a se simți în largul lui în seara aceea.

Eu nu–i mai văzusem pe soții Popa de la nunta lor, dar îmi mai aminteam vag cam cum arată.

Ajunși la blocul lor am urcat scările și am sunat la ușă. A apărut o femeie blondă, scundă și grasă, la vreo cincizeci de ani, cu o paloare bolnăvicioasă, care nu avea nimic comun cu doamna Popa știută de mine, dar mi–am zis că Popa o fi divorțat între timp și are acum altă nevastă, deci am zâmbit politicos făcându–mă că nu am observat schimbarea.

– Poftiți, poftiți înăuntru, ne îmbie doamna, după care s–au făcut prezentările.

Eu m—am așezat pe o canapea în timp ce soțul meu a luat un scaun la îndemână.

— Relu este plecat să ne aducă niște vin de la Valea Călugărească și poate apare din clipă în clipă. Cu ce să vă servesc, ne—a întrebat Gela.

— Mie chiar mi—este foame că n—am avut timp să mănânc, așa că aș vrea ceva de mâncare, răspunse soțul meu zâmbind gazdei cu un aer foarte intim.

Gela s—a îndreptat spre bucătărie să pregătească

ceva, timp în care eu admiram o colecție de farfurii orientale din camera de zi și mă tot întrebam de unde până unde domnul Popa se tot plimba în străinătate și cu ce motiv. Era prima oară când auzeam că cineva de la o întreprindere de reparații auto ar avea ceva de lucru în țările din orient.

Peste puțin timp Gela a pus pe masă un platou cu sardele spaniole, o omletă cu ciuperci făcută în grabă, dar aspectuoasă și bună, însoțită de o salată mare. Se mișca în propria ei casă ca o balenă înotând în ape prea mici, nu—și prea găsea locul ocolindu—mi privirea.

Am început să mâncăm în liniște, timp în care eu simțeam atmosfera tensionată dintre noi trei, dar nu o puteam defini. Un lucru era cert: doamna Gela Popa era încurcată, jenată, încerca o conversație banală, dar nu se lega nimic, așa că eu am început cu întrebările despre câteva obiecte ornamentale din casă ca s—o scot din încurcătură. Intuiam că acolo se petrece ceva și că mă pândește o seară cu surprize.

Curând am auzit ușa apartamentului deschizându—se și o voce caldă bărbătească anunțând:

— Am sosit Gela, te rog ține ușa deschisă ca să aducem ceea ce am scos din portbagaj!

A intrat pe ușă un bărbat frumos brunet, nu prea înalt, dar bine făcut, căruia îi scânteiau ochii negri ca două lumini adânci, dar care nu avea nicio legătură cu domnul Popa pe care îl știam eu.

Era stilat, fermecător, emanând un magnetism greu de ignorat. Venise însoțit de un alt individ cu care aduseseră vinul de la o podgorie.

— Domnul ministru adjunct Săndulescu și domnul doctor Fekete, prietenul casei, spuse Popa făcând prezentările. Cine este doamna, cu cine am onoarea, întrebă el pe soțul meu țintuindu—mă cu ochii lui de antracit.

— Hmm, hm, soția mea, spuse cam încurcat și cu vocea stinsă al meu soț.

— Cineee? Glumiți, nu? De când v—ați însurat și noi nu știam? Parcă ne spuneați că nu sunteți căsătorit, se adresă ironic domnul Popa soțului meu.

— Numai de vreo doisprezece ani, intervin eu, zâmbind.

— De când vă tot scobiți la dinți cu nevastă—mea puteam să fi aflat acest „secret", se vede treaba că v—a fost frică să scoateți în lume o femeie atât de atrăgătoare, nu? Sunt încântat că ați adus—o pe doamna la noi și că am bucuria s—o cunosc. S—a îndreptat spre mine sărutându—mi mâna cu multă căldură și cu ochii drept în ochii mei.

„Fiți bine venită aici, în această seară", adăugă el, numai pentru mine.

Soțul meu a rămas mut ca zidul, era pierit, în timp ce Gela aproape că dispăruse pe undeva prin bucătărie că nu se mai vedea.

Domnul Popa s–a declanșat într–un râs nervos și vădit forțat de sub care se putea ghici ceva exploziv. Ministrul venit cu el tăcea încercând să guste câte ceva din cele aduse la masă ca să–și țină gura plină. Momentul era penibil și eu întrevedeam un spectacol amuzant în regia domnului Popa.

–Adu dragă niște pahare să gustăm vinul adus, mai ales ca să sărbătorim evenimentul, spuse Relu Popa cu voce autoritară și nervoasă către nevasta lui. Domnul doctor Fekete căsătorit, hmm... foarte surprinzător, continuă el.

Gela a adus urgent niște pahare, se mișca numai în vârful picioarelor, gata să răspundă propt la orice ordine ale soțului ei, umilă și supusă ca o slugă.

Din momentul acela Relu Popa a început să converseze numai cu mine, să mă atenționeze curtenitor, ca un joc în care urmărea ceva greu de ghicit.

– Ei și cum vă place apartamentul nostru, mă întrebă dânsul fără niciun rost, ca să se afle în treabă.

– Foarte mult, mai ales farfuriile orientale din ceramică fină pictate de mâna, răspund eu.

– Care anume vă place cel mai mult?

– Aceea cu modele islamice în nuanțe de verde, cărămiziu și bej, răspund eu, arătându–i–o.

– Aveți ochi și gust, farfuria aceea am cumpărat–o din atelierul celui mai vestit artist de ceramică din Teheran pentru care am plătit atunci 400 de dolari. Gela dragă, strigă el, vino şi scoate farfuria din perete şi oferă–i–o doamnei, că doar avem atâtea obligaţii faţă de domnul doctor, nu!?

Nevasta lui s–a cocoţat imediat pe un scaun şi a scos farfuria din perete conformându–se.

– Vai de mine, nu se poate, am sărit eu jenată. Nu înseamnă, că de am admirat ceva, trebuie să fie al meu!

– Ba trebuie, fiindcă domnul doctor a avut atâta grijă de nevasta mea de când sunt plecat peste hotare! Eu vreau să vă ofer dumneavoastră orice doriţi să alegeţi din casa aceasta!

Începuse să fie agresiv–curtenitor, ca un fel de provocare pentru a–l stârni pe soţul meu.

– Domnule doctor aveţi o nevastă pentru care eu aş lucra şi în mină ca s–o fac fericită, rosti Popa. Vă mulţumesc că aţi adus–o la noi, sunt încântat că o cunosc chiar şi atât de târziu!

„*Domnul doctor*" împietrise, pălind. Ministrul cu care venise domnul Popa s–a scuzat că trebuia să plece şi a dispărut simţind încurcătura.

Atmosfera se cam încărcase. Domnul Popa m–a luat să–mi mai arate celelalte camere timp în care soţul meu a rămas cu Gela în sufragerie spăsiţi ca doi condamnaţi.

Am văzut câteva obiecte sofisticate de artă, două icoane vechi, o tapiserie de mătase, un instrument oriental cu coarde atârnând pe perete, dar cele mai multe dintre obiectele expuse păreau aduse din călătoriile gazdei. Cum admiram ceva el lua de pe perete, îmi aducea mai aproape să văd şi le punea deoparte, aşa încât se făcuse un teanc bun.

În timp ce–mi arăta lucrurile din casă eu nu–mi puteam scoate din minte cum m–a crezut soţul meu atât de proastă, sau scurtă de memorie, ca să—mi strecoare impresia confuză că domnul Popa ar fi același cu cel de la întreprinderea de reparații auto, iar vizitele lui la soția acestuia erau o obligație pentru serviciile pe care ni le făcuse. Mare cameleon!

M—am amuzat pentru descoperirea serii și mi—am propus să merg pe regulile jocului domnului Popa să văd unde ajung. Era chiar distractiv!

Quien mas rendido!

Am răspuns voit cochet la curtea lui, timp în care soțul meu făcea fețe—fețe, iar nevasta lui Popa căpătase o culoare de ceară și nu scotea o șoaptă.

Ne—a încărcat brațele cu cadourile din casă, a mai pus multe sticle din vinul adus, a umplut un coș plin cu darurile colectate și ne—a condus la mașină când soțul meu a insistat să plecăm fiind târziu, el trebuind să se scoale devreme dimineață.

Doamna Popa a rămas sus la scară, ne—am luat rămas bun de la ea coborând la mașină, iar domnul Popa căra pe brațe teancul de cadouri alese pentru mine. Soțul meu ducea sticlele de vin primite în timp ce vocea parcă îi pierise. La mașină, iar sărutări de mâini și zeci de complimente de la domnul Popa.

Până acasă nu s–a rostit o vorbă pe drum, ne–am cărat cadourile sus și ne–am culcat.

Dimineața a sunat telefonul. Înainte de ora opt, soțul meu a ridicat receptorul fiind pe picior de plecare:

— Vă salut domnule doctor, Popa la telefon! Aș dori să vorbesc cu doamna!

— Da, sigur că da, imediat, spuse soțul căre mi–a întins receptorul supus ca unui ordin, dar zbughind–o pe ușă.

— Bună dimineața scumpă doamnă, cum ați dormit? Bănuiesc că sunteți grăbită, dar aș dori să vă văd neapărat astăzi, dacă se poate, avem de vorbit. La ce oră terminați programul?

— Programul meu este destul de flexibil fiindcă lucrez mereu ore în plus și le pot cumula.

— Eu aș putea ajunge după patru undeva la Universitate, ce–ați spune de Cina sau Athénée să luăm masa împreună. Dacă aveți probleme cu domnul doctor vă rog să–i spuneți că vă întâlniți cu mine!

Ei, asta era chiar interesant! Soțul meu să tremure de spaimă în fața acestui domn Popa! Eu începusem să cam pricep de ce.

Ne–am întâlnit la cinci și jumătate la Athénée Palace unde mă aștepta cu un trandafir roșu proaspăt pe masa aranjată festiv. Era atât de fermecător că puteai cădea ușor în mrejele lui; prezența lui putea atrage orice femeie datorită acelui „ceva" greu de definit, a vocii lui rășușit–catifelate și mai ales al unei bunătăți infinite ce o răspândea din ochii fierbinți și strălucitori.

Am comandat ceva de mâncare, iar de băut eu am cerut o bere; el nu bea nimic cu alcool fiind în tratament cu antibiotice pentru o viroză la gât contractată din avion.

– Iată scumpa mea doamnă de ce am vrut să te văd. Sper că mă pot adresa pe numele mic, pe mine mă cheamă Aurel, dar biata mama mă striga Relu.

– De ce „biata", am întrebat eu.

– Fiindcă nu mai trăiește, amândoi părinții mei sunt morți de mult. Mi–a povestit pe scurt viața lui de copil orfan venit din Munții Apuseni, apoi episodul căsătoriei lui cu Gela.

Dar... ce căutam eu în toată afacerea asta?

– Am vrut să afli că eu sunt cam răvășit de când te–am întâlnit aseară, a continuat el, mai ales din cauza domnului tău soț care „*se ține*" cu nevastă–mea de niște ani. Eu lucrez în Iran de vreo șapte ani și nu aș fi putut pleca în străinătate dacă nu eram însurat, cunoști sistemul.

Căsătoria mea cu Gela este acum una de conveniență, știam de relația ei cu doctorul, nu era un secret, m–a pus să–i aduc și cadouri de câteva ori, dar știam că este burlac de aceea am fost așa de dur aseară. Mi–a enumerat cadourile aduse soțului, printre care o mașină de ras ultimul model, pe care tocmai o văzusem de curând lăsată pe dulapul din sufragerie.

– Cum este posibil să ai o așa nevastă de care, în loc să fii mândru, o ții ascunsă, a continuat el. Ce fel de om este acest soț al tău dacă are nerușinarea să accepte daruri de la soțul amantei lui, dar nu spune că este căsătorit? Îi era rușine de ce, de cine? Cu ce îl făcea mai moral faptul că poza a fi necăsătorit? Nevasta mea ar fi vrut să divorțăm de mult, dar eu i–am cerut să păstrăm căsătoria pentru fațadă ca să pot lucra peste hotare, dându–i în schimb libertatea totală să–și facă viața cum dorește. Așadar domnul doctor era o cunoștință veche a mea, amândoi ne făceam că nu ştim ce se petrece şi ne vedeam fiecare de interesele lui: eu plecat tot timpul din ţară, iar el în relaţia cu Gela. Simplu! De când te–am întâlnit aseară sunt atras de tine mai mult decât îmi este îngăduit şi ştiu că mă vei bănui că spun asta din răzbunare, dar nu este adevărat. Pentru mine Gela nu mai este decât o cunoştinţă oarecare, nu am pentru ea nici afecţiune, nici milă, suntem doi străini care şi–au stabilit nişte reguli, ca într–o afacere, pentru a–şi rezolva interesele de ambele părţi. Doream să ştii aceste amănunte fiindcă mi se pare absurd şi nedrept că un om fără scrupule foloseşte două femei pe care le minte, pe fiecare în parte, numai să–i fie lui bine. Cel puţin să fi avut bunul simţ să nu te aducă în casa aceleia pe care o jumu-leşte de bani şi cadouri prin mine şi să nu te fi pus pe tine într–o situaţie penibilă. Toţi bărbaţii îşi înşeală nevestele, mai mult sau mai puţin, dar o fac măcar cu discreţie şi eleganţă. Tu nu eşti o femeie oarecare şi nu meritai acest afront, de aceea am vrut să te întâlnesc şi să–ţi spun. Să vezi că acum vor fi amândoi în doliu: Ea, că poate pierde pe cel care o întreţine, adică pe mine, care–i oferă de fapt o viaţă bună şi toată libertatea, iar el că poate rămâne fără tine. Voi fi în ţară până după anul nou şi tare aş dori să te mai văd, iar de s–ar putea chiar în fiecare zi.

– Asta nu se poate că am mult de lucru, serviciul meu este în afara oraşului şi nu este nici firesc să mă întâlnesc cu soţul amantei soţului meu numai ca să plătesc niş-te poliţe. Nu este genul meu! Te rog sa mă crezi că mie nu–mi mai pasă de comportarea lui, îmi este doar scârbă, atâta tot.

Ne–am despărţit în faţa restaurantului Athénée Pa-lace eu luând autobuzul spre casă şi meditând pe drum la cele întâmplate. Al meu soţ a venit acasă noaptea târziu.

În ziua următoare, la puțin timp după ce am intrat pe ușă, m–am trezit cu domnul Popa, care ducea în brațe o sticlă de șampanie franțuzească, iar mai târziu mi–a pus pe mână o brățară de filigran de argint cu chihlimbare, pe care o adusese într–o cutiuță de sidef cu incrustații orientale.

– Ce s–a întâmplat, întreb eu, ce cauți aici?

– Nu s–a întâmplat nimic, doream să te revăd, dar aș vrea să văd ce mutră va face *"domnul doctor"* când mă va găsi la el în casă, așa cum l–am găsit eu la mine de atâtea ori! Să știi că ieri ei au fost tot timpul împreună și cred că Gela se teme că divorțez de ea, fiindcă... a simțit că m–am îndrăgostit de tine. Mă cunoaște destul ca să vadă că m–am schimbat la față numai când te–am întâlnit. *À propos,* cam la ce oră ajunge acasă *"domnul doctor"?*

– Ei, asta–i buna! Nu știu când vine, dar te rog să fii rezonabil și să nu mai repeți figura, i–am ripostat furioasă. Așa ceva nu se face și nu–mi cade bine vizita ta neanunțată, îmi pare rău! Nu–mi plac teribilismele și nu ni se mai potrivesc. Dacă soțul meu are aventuri extra conjugale nu înseamnă că și eu trebuie să fac la fel; să–l ferească Dumnezeu însă să mă îndrăgostesc eu, că atunci dusă sunt, și nu mă mai vede o sută ce ani. El știe asta! Nu este un bărbat pasional, ci o face din slăbiciune, ca să se afle în treabă sau din plictiseală. Nu are niciun sentiment pentru nimeni, decât pentru el însuși și caută numai femei care să–i alimenteze ego–ul cu laude leșinate și vorbe de clacă. Eu nu i–am putut procura acel ieftin și languros uitat în ochi spunându–i cu convingere că este buricul pământului și că răsare soarele când intră el pe ușă; dimpotrivă, se schimbă totul din cauza gustului leșios ce–l răspândește cu zâmbetul său fals cu care prostește toate pacientele făcându–le complimente penibile. Te rog să mă crezi că–mi este total indiferent.

– Atunci de ce mai stai cu el?

– Mă faci să râd – din aceleași motive ca ale tale! Are și el niște interese, vrea să plece prin OMS să lucreze în străinătate și are nevoie să fie căsătorit pentru „ochii securității"; m–a rugat chiar să fiu atentă la orice investigații vor face cei care verifică relațiile de familie în vederea aprobării plecării pe termen lung la un contract peste hotare.

Aurel Popa s–a întristat. Din ochii lui negri, adânci și umezi plecau către mine unde de duioșie infinită din care am înțeles fără vorbe că nu–i sunt de loc indiferentă.

Mă uitam la acest bărbat frumos, cu părul negru, ondulat natural, puțin grizonat, cu dinții albi și puternici ca de panteră, acoperiți de o gură senzuală, cu vocea puțin răgușită, dar extrem de îmbietoare, generos și bun – cred că mi–ar fi dat orice ar fi putut pe lume – care era dornic de a sta în brațele unei femei de care era atras, dar nu primise ecoul ei la declanșarea lui furtunoasă.

Aș fi putut să–l urmez până la capătul pământului, dar nu aveam în acea clipă puterea de a răspunde pasiunii cuiva. Eram în dialog cu propria mea viață care era legată de un partener fără trăiri și mă tot întrebam de ce se tot aciua pe lângă femei mult mai în vârstă, mai proaste, fără clasă, mediocre, inculte, nici măcar frumoase. Poate mai avea încă *„complexul de mamă"* și se simțea bine lângă *femei–nurse* să–i legene capul lui rătăcit în brațele lor cu arome de camfor și spirt.

– Draga mea, ar fi chiar desuet să–ți cad la picioare și să–ți fac declarații nebune, dar te–aș vrea lângă mine, știu asta sigur, am nevoie de o femeie ca tine, îmi declară tandru Popa. Conjunctura în care ne–am întâlnit alterează mult relația noastră și nu–i dă șanse prea mari de viitor, spre ghinionul meu. Hai să la dăm o lecție neisprăviților noștri parteneri și să le mulțumim că ne–au pus față în față! Hai să avem curajul să ne schimbăm viața, să–i părăsim și să plecăm împreună și nu–ți va pare rău, crede–mă!

– *Toți mințiți la fel, când doriți repede prada*, i–am ripostat eu sec.

N–a mai vorbit o vreme, s–a uitat lung la mine, a rămas pe gânduri și s–a ridicat să plece.

A ieșit pe ușă ca un câine bătut, iar eu n–am fost în stare să–i spun decât bun rămas.

Ne–am mai văzut de câteva ori în oraș înainte de plecarea lui la Teheran. Se purta ca un adolescent care dorea întoarcerea la exuberanța acelor ani, dar eu eram de neclintit.

M–am mai văzut cu el numai pentru a afla mai multe detalii despre aventura soțului meu, pe care în loc sa–l înșel eu, că merita, făcea pe Don Juan–ul de cea mai joasă speță.

Mi–a venit atunci s–o citez pe soacra mea: „*În loc să geamă boii, scârțâie carul*".

Din momentul plecării lui Popa am început să redefinesc liniile existenței mele în minciuna în care mă scăldam, alături de un om care nu–mi oferea nici dragoste, nicio situație, nici respect, nici preocupări similare, nici bucuria de a trăi, ci mă stingea cu fiecare clipă murdărindu–mă și cu relațiile lui penibile la care mă mai făcea și martoră uneori.

Mă luminasem, în fine, ca să înțeleg că *viață mea fusese complet anapoda*.

Norocul prostului sau prostia norocului

Să fi avut vreo paisprezece ani, eram la şcoală pe vremea când elevilor mai buni ne dăduseră să medităm pe cei slabi la învăţătură. Mie îmi revenise sarcina să o ajut pe Ecaterina, o fată de la ţară, extrem de grea de cap, grasă, arătând ca o femeie la cincizeci de ani, cu multe coşuri pe faţă şi de care fugeau toţi inspirându-le silă. Mergeam la şcoală mai devreme s-o ajut cam de trei ori pe săptămână înainte de începerea cursurilor, fiindcă intram la lecţii întotdeauna după masa.

Am pregătit lecţiile cu ea mai mult de un an, iar după vacanţa de iarnă ea n-a mai apărut. Nu ştiam ce s-a petrecut, pe mine nu prea mă interesa, eram fericită că abia scăpasem de corvoadă, dar cineva din satul ei ne-a spus că la controlul medical ar fi fost găsită însărcinată şi fusese eliminată din şcoală fără a se mai vorbi despre asta. La acel timp era mare ruşine să se întâmple aşa ceva şi de obicei nu ni se spunea mare lucru.

Au trecut vreo optsprezece ani, poate mai mult, când într-o zi, în troleibuzul cu care mergeam dinspre Universitate spre şosea, m-am aşezat pe scaunele din faţă lângă un băiat ce se conversa în spaniolă cu fratele lui mai mic şi cu mama, o doamnă blondă, subţire şi îmbrăcată superb, toată *à la Parisienne*. O priveam cu admiraţie gândind că trebuia să fi fost vreo soţie de diplomat mergând acasă fiindcă zona din spatele consiliului de miniştri din

București era plină de ambasade și consulate străine. Era atât de elegantă că nu—mi puteam lua ochii de la ea; arăta ca o actriță de cinema, părul blond platinat îi cădea în falduri arătând o față de păpușă, însă nu—i vedeam ochii din cauza ochelarilor de soare.

Privind—o cu atâta insistență probabil că i—am atras atenția când s—a uitat și ea mai atent la mine adresându-mi—se în cea mai perfectă limbă română:

— Nu cumva ați făcut școala medie tehnică de arhitectură... și vă cheamă așa și așa?

Era să—mi cadă inima pe jos din cauza șocului, mă luase prea repede, m—am redresat puțin și abia am reușit să—i răspund:

— Da, eu sunt, dar habar nu am cine sunteți, nu vă recunosc, deși credeam că am o excelentă memorie a figurilor așa încât puteam lucra pentru poliție, răspund eu uluită.

— Nici n—ați avea cum! Eu sunt Ecaterina pe care ați ajutat—o la lecții pe vremea când eram amândouă în aceiași clasă. Eram să leșin! Asta era prea mult, ce minune să se fi petrecut cu această fată de s—a metamorfozat așa încât să n—o mai recunoști. Părea ireal!

— Uite ce, eu te invit să mergi acum cu mine acasă, locuiesc la doi pași de aici și—ți voi povesti la o cafea ce s—a petrecut în toți acești ani de când nu ne—am văzut. M—aș bucura foarte mult să te am oaspete că nu se știe când ne vom mai vedea, să nu mă refuzi, te rog, hai vino cu mine, insistă ea.

Am coborât împreună cu copiii care vorbeau româ-nește cu accent străin și—și găseau cu greu cuvintele să lege o frază.

Am intrat într-un apartament foarte spaţios, undeva pe lângă strada Londra, am înaintat spre sufragerie unde erau numai mobile florentine, iar covoarele erau strânse la perete ca şi cum gazdele ar fi fost în curs de mutare. Locuinţa era frumoasă şi plină de lucruri scumpe care îţi săreau în ochi oriunde te-ai fi uitat.

Ecaterina m-a rugat să iau loc pe o canapea, a expediat băieţii în camera lor şi s-a dus la bucătărie să facă o cafea. S-a întors cu tava cu cafelele inundând camera cu aroma lor şi nişte biscuiţi foarte fini scoşi din ambalajele străine, plus câteva feluri de brânzeturi franţuzeşti tăiate în bucăţele mici. La vremea aceea noi, muritorii de rând, cumpăram cafeaua pe sub mână la preţuri foarte mari, iar în Bucureştiul anilor 1969 era greu să găseşti acele delicatese pe care le admiram acum pe tava adusă de fosta mea colegă.

–Ştii, mi-ar trebui multe zile ca să-ţi spun povestea mea, dar voi încerca să mă adun şi să-ţi fac un rezumat ca să nu te plictisesc prea mult, spuse ea.

Să mă plictisească, auzi vorbă, stăteam gură-cască s-o ascult şi nu puteam asocia femeia din faţa mea cu cea pe care o meditasem în acel de mult uitat an de şcoală. Mă uitam la ea ca la a opta minune a lumii, dar nu puteam recunoaşte nimic din trăsăturile ştiute; muream să aflu ce se petrecuse cu ea în cei peste optsprezece ani de când nu ne-am mai văzut.

I-am cerut un pahar cu apă, l-a adus şi s-a scufundat în moliciunea canapelei tapisate cu un pluş de culoarea coniacului începând să-mi depene amintirile ei din care se putea scrie un bun roman de aventuri.

„Am părăsit şcoala, adică m-au dat afară din şcoală în septembrie fiindcă eram gravidă. Eram încă un copil, aveam cincisprezece ani şi nu ştiam nimic despre viaţă. În vacanţa din vara anterioară exmatriculării mele mă aflam la ţară la părinţii mei unde miliţianul din sat se tot învârtea în jurul meu şi până la urmă nu ştiu cum s–a întâmplat că am făcut şi dragoste cu el.

Tata a aflat şi l–a ameninţat rău de tot aşa încât îşi putea pierde slujba, putea fi dat afară din miliţie dacă îl reclama, deci a fost mai bine să pierd eu şcoala; ca să spălăm ruşinea ne–am căsătorit şi am plecat din satul acela să nu mai fim ţinta bârfelor.

El a fost transferat, la cerere, la Galaţi, dar avea un frate sus pus în Ministerul Afacerilor Interne (MAI) care l–a ajutat mai târziu să ajungă la Bucureşti. Cam atunci mi se născuse şi primul băiat.

În acelaşi timp cumnatul fusese avansat pe o poziţie mult mai importantă şi s–a gândit să ne trimită în străinătate să lucrăm pentru o ambasadă.

Soţul meu a fost trimis în Argentina la Buenos Aires, iar eu l–am urmat mult mai târziu, fiindcă trebuia să fac pregătirea de limbă spaniolă şi alte aranjamente pentru a arăta ca o adevărată femeie de lume şi nu o ţărancă din comuna de unde plecasem.

Am fost instruită de o doamnă foarte nobilă din vechea protipendadă românească, cred că din familia Ghika, pentru maniere şi reguli protocolare ce trebuiau respectate la mesele oficiale ale ambasadelor şi consulatelor. Am fost dusă lângă Paris, într–o clinică specială unde am petrecut vreo şase luni cu regim pentru slăbit, cu mâncare sub control, multe operaţii estetice ale feţii şi corpului, aşa încât nu mai semănam nicicum cu ceea ce fusesem înainte. Spre norocul meu la faţa mea plină de coșuri s–a putut aplica un tratament cu refrigerație de azot, după care pielea mea a devenit moale și fină ca a unui copil nou născut, dar și foarte sensibilă așa încât ani de zile a trebuit să mă feresc de soare. După aceea mi s–a făcut operația feții din cauza căreia nu m–ai putut recunoaște tu.

În tot acel timp doamna aceea a fost cu mine pentru îndoctrinarea mea ca să mă schimb, să capăt maniere din înalta societate cu care să reprezint cu onoare țara noastră la întâlnirile diplomatice.

Să știi că n–a fost ușor!

La Buenos Aires nu prea aveam ce face și m–am apucat să–mi termin liceul prin corespondență în țară, apoi m–am înscris acolo la facultatea de litere unde eram numai doi studenți la limba română, dar făceam spaniola secundar.

Tot acolo mi s–a născut cel de al doilea copil, însă am avut ajutor la treabă și crescutul lui.

Acum mă aflu aici în tranzit, după cum vezi toate lucrurile din casă sunt adunate fiindcă aștept semnalul soțului meu să–l urmăm la o altă ambasadă unde va fi mutat, probabil la Madrid, Lisabona sau Paris".

Eu eram încă în transă, ascultam și aveam senzația că visez în timp ce mi se spune o poveste inventată. Mi–a arătat cicatricile foarte fine lăsate de operațiile estetice de pe corp, când la vremea aceea nici nu–mi trăsnea prin cap că se pot face intervenții chirurgicale de asemenea anvergură.

— Îndrăznesc să te întreb cine a plătit aceste uriașe sume de bani pentru transformarea radicală a ceea ce ai fost tu înainte, am spus eu stupefiată de ceea ce auzisem.

– Pentru operațiile estetice la față am plătit eu, dar pentru restul nu știu, cred că guvernul sau cine ne–a trimis acolo în misiune. Poate fusese parte din program.

Rostise cuvântul magic „*misiune*" ceea ce m–a luminat imediat că fuseseră oameni trimiși de securitate la datorie, iar ea era un element manipulat pentru spionaj sau alte sarcini importante despre care poate nu știa nici ea. Nu era prea inteligentă, exact ceea ce le trebuia securiștilor, o marionetă pe care o cizelaseră până la rafinament de principesă ca să intre perfect în rol.

Atâția ani de strădanie a unei doamne din vechea nobilime, atâția bani ai țării aruncați s–o facă să devină altcineva, își arătaseră efortul.

Eu am admirat–o pentru toată puterea de a se schimba, ambiția de a studia și încadra în cerințele de protocol diplomatic pentru funcționarii ambasadelor, dar cel mai mult pentru sinceritatea cu care mi se destăinuise. Alta n–ar fi făcut–o!

– Acum spune–mi ce faci tu, tu care erai șefa clasei și care m–ai ajutat așa de mult la timpul cât eram în școală, cred că ai ajuns foarte departe, îmi spuse ea.

– Hmm! Puține de spus în comparație cu experiențele tale senzaționale, mult prea puțin!

– Draga mea eu știu că am avut *norocul prostului*, fiindcă n–aș fi fost bună de nimic altceva decât să am un serviciu oarecare sau niciunul, să fiu nevastă și mamă. Eu nu am avut un cap ca tine și alții din clasa noastră la care mă uitam cu jind ce ușor luau notele mari și cât de rapid terminau proiectele de an cu talent la desen și multă creativitate.

Dacă nu mă încurcam cu Nelu în vacanța aceea nu eram astăzi unde sunt, de aceea consider că primul meu copil a venit cu norocul. De la el ni s–au tras toate bucuriile şi viaţa noastră a luat un drum neaşteptat tocmai când vroiam să spălăm ruşinea acelei întâmplări condamnate de toţi.

Tata care mă bătuse şi vroia să mă dea afară din casa lui, urându–l pe Nelu, este acum foarte fericit de cum a evoluat viaţa noastră.

De la Caterina am plecat acasă gândindu–mă cum operează destinul printr–un scenariu ales fiecăruia dintre noi.

Eram fericită pentru ea, dar nu cred că mi–aş fi dorit acele meandre pe care ea a plutit până a ajuns la condiţia socială pentru care putea fi invidiată. Unicul lucru ce l–aş fi schimbat cu ea era posibilitatea de a călători prin lume, visul meu de o viaţă, să văd culturi şi locuri pe care le ştiam numai din cărţi şi albume răsfoite şi care nu se putea realiza neavând nici paşaport, nici libertate, nici bani în sistemul odios al comunismului care ne ţinea ostatici la muncă pe gratis.

La timpul acela călătoreau numai cei cu *misiuni* legate de interesele securităţii peste hotare şi care trebuia să fie destul de naivi, cu *„origine socială sănătoasă"* şi total aserviţi sistemului.

Am mai văzut–o pe Caterina de câteva ori înainte de plecarea ei din ţară, mi–a dat câteva cadouri şi cafea să am pentru câteva luni, apoi am mai primit o vedere după care n–am mai aflat nimic de la ea.

Eu m–am mutat cu casa şi n–am mai primit corespondenţa sau ...securitatea română a reţinut orice scrisoare sau ilustrată venită din străinătate, dar m–am bucurat pentru evoluţia ei; făcuse parte din adolescenţa mea şi aventura ei mi–a dat speranţa că se mai pot întâmpla şi minuni pe lumea asta.

Salteluţa Tribunalului

Doamna Maria era vecină şi prietenă cu Nina, soţia unui foarte lăudat scriitor pe vremea comuniştilor în România şi locuiau aproape una de alta în cartierul ştabilor de la şosea.

Se vizitau reciproc, Nina venea s–o vadă pe Maria care rămăsese văduvă şi locuia într–o casa mare numai cu băiatul ei ce fusese înfiat, dar iubit mai mult decât dacă ar fi fost propriul ei copil.

Doamna Maria venise din Rusia prin căsătorie cu un reprezentant al nomenclaturii comuniste fiind o frumuseţe de femeie gruzină, educată şi cu un suflet ales, care se integrase perfect in cultura românească; vorbea româneşte la fel de bine ca noi.

Mă aflam în vizită la doamna Maria, când Nina a apărut pentru o şuetă, la ceaiul gruzin de după masă, când am asistat la destăinuiri dureroase ale acestei foarte nobile şi delicate femei. Nu s–a ferit de mine, de fapt nu se mai ferea de nimeni de când lumea aflase ce se petrecea în casa lor bântuită de toţi demonii. Mai târziu am reîntâlnit–o de multe ori continuând să ne povestească ce se mai întâmplase în familia ei ciudată.

Am aflat atunci despre o mare durere, ascunsă de ochii înaltei societăţi bucureştene de după război datorită influenţei şi relaţiilor stăpânului casei cu lumea scriitoriceasca şi mai ales guvernamentală din acel timp.

Tiranul casei şi soţul doamnei Nina, să–i spunem Z, fusese un băiat sărac de pe lângă Turnu Măgurele, un om ambiţios care–şi pusese în gând de când era copil să ajungă departe, deci a ţintit tot timpul cât mai sus. A cunoscut–o pe Nina, fiică de mare moşier, tot din zona Turnu Măgurele, educată şi cultivată, pe care a curtat–o până a convins–o să–i devină soţie, intrând astfel în lumea bună, unde nu ar fi avut nicio şansă să ajungă el, fecior de argat de casă săracă. Prin ea a a căpătat gustul unei vieţi diferite de cea pe care o trăise acasă, de unde plecase în opinci, la studii, iar *„originea nesănătoasă"* a soţiei a fost anihilată de ataşamentul lui la regim, astfel încât a făcut un mariaj care i–a adus numai avantaje.

S–a cizelat şi cultivat în casa Ninei, dar s–a ridicat pe scara socială prin alianţa cu comuniştii veniţi la putere, având ceva talent de scriitor, dar nu atât cât să–i fi adus recunoaşteri în alte circumstanţe. Din căsătoria lor a rezultat Mihnea, un băiat care a crescut strivit de personalitatea tatălui despotic, ajunsese medic de prestigiu„ dovedind mai târziu că el era cu adevărat un foarte talentat scriitor.

Mihnea s–a căsătorit cu o femeie *pasională*, cu origini ţigăneşti, pe care a ajutat–o să termine dreptul şi cu care avusese la început relaţii normale de familie; probabil că o şi iubise fiind fascinat de personalitatea ei flamboiantă. Locuiau cu toţii într–o casă imensă din zona vecină bulevardului Primăverii, cu toată protipendada comunistă, aşa cum primiseră toţi din şleahta celor ajunşi la putere la acel timp.

La începutul căsniciei lui Mihnea, nevasta nu lucra încă, având copil mic şi fiind ocupată cu studiile, ca mult mai târziu să vină pe lume şi cel de al doilea.

Într-o dimineață când toți ai casei erau plecați, Mihnea la spital, iar copilul cu bona, doamna Nina a intrat să ia ceva din dormitorul soțului ei crezând că el plecase. A rămas în pragul ușii consternată de scena la care asista: *tiranul* și „marele scriitor" nomenclaturist, în- șirat pe toate coloanele ziarelor de literatură și promovat cu surle și trâmbițe pentru operele lui, se afla în pat făcând dragoste cu nora lui!

– M-am retras, am închis ușa și nu știu cum am ajuns în camera mea, clătinându-mă, spuse doamna Nina. Se prăbușise peste mine tot cerul, dar m-am gândit cel mai mult la băiatul meu. Oare ce se va petrece dacă el va afla, ce se va alege de viețile noastre, a fiecăruia dintre noi? Nici nu intrasem bine în camera mea că *tiranul* a deschis brusc ușa urlând la mine ca turbat, cu ochii ieșiți din orbite:

– Dacă spui cuiva o șoaptă te ucid, ai înțeles?

Nu i-am putut răspunde având gura încleștată de șoc și chiar m-am gândit o clipă ca aș fi putut rămâne mută până la sfârșitul vieții. Stupoarea mea, ca și dure- rea, mă doborâseră în timp ce el avea grija numai să nu afle lumea (inclusiv fiul meu). A mai trecut o vreme până când mi-am revenit, dar mi s-au mai adăugat dovezi că relația soțului meu cu nora continua, și nu aveam curajul să deschid o discuție cu fiul meu. Aflasem că se întâlneau în oraș, când ea își făcea practica de avocatură și fusese poreclită de colegi „*Salteluța Tribunalului*" chiar înainte de a profesa ca avocat. Acasă devenisem dușmanul celor doi concubini fiindcă se simțeau vinovați temându-se de mine, neștiind în ce măsură eu am dezvăluit cuiva taina lor, mai ales fiului meu.

Tiranul, ajuns „mare scriitor", trebuia să rămână oglinda integrității în fața Partidului Comunist (al cărui membru era), Uniunii Scriitorilor, Comitetului Central, celor din guvern și prietenilor importanți care–l așezasera pe culmile faimei literare. Nu știu cât de sigur era de el că mă întrebase în câteva rânduri:

– Nina ce crezi tu despre mine, sunt eu un scriitor așa de valoros, sau m–au făcut ăștia?

Cum eu aveam licența luată înainte de comuniști, vorbeam câteva limbi străine, scrisesem înaintea lui, mă întrebase fiindcă probabil își dădea și el seama uneori că eu l–am scos din bălegarul grajdurilor unde crescuse și ajunsese acolo unde nu sperase neam de neamul lui. Trăiam acum sub același acoperiș precum niște străini cu obligații comune, eu eram dependentă de el fiindcă nu mai lucram și călca peste mine precum peste carpeta de șters picioarele la intrare. Grosolan și dezlănțuit nu avea nicio limită în a chinui despotic pe toți ai casei cu diabolica sa comportare, însă nora mea era singura care avea cuvânt în fața lui; aș spune chiar că era emoționat și se schimba la față când o vedea sau vorbea cu ea. Așa cum eu am observat, a venit ziua în care și fiul meu a înțeles ce se petrece sub acoperișul casei noastre, dar a rămas mai mut decât mine. Pleca dimineața la spital și venea seara târziu ca o scăpare temporară din ghilotina familiei lui, timp în care a scris pe rând trei cărți excelente și foarte aplaudate de cititorii de elită. Se gârbovise de durere și scârbă pentru ceea ce trăia, iar aventurile nevestei lui la tribunal completaseră tabloul nefericirii lui fără margini.

La un moment dat am observat că nora mea era însărcinată! Urmărind zilnic comportarea foarte grijulie a soțului meu față de ea, mi–am dat seama că abia acum începea cu adevărat tragedia din casa noastră. Fiul meu Mihnea știa că nu el putea fi tatăl fiindcă se mutase de mult din dormitorul lor comun, nu o mai onorase pe *Salteluță* nici cu o privire, dar întrebarea se punea al cui să fi fost? Eu, cu intuiția mea feminină și cu ceea ce mai văzusem eram distrusă și tot fără grai. Ca o încununare a nenorocirii noastre nora mea, *Salteluța Tribunalului*, a dat naștere unui alt băiat în casa noastră, purtând numele soțului meu și al socrului ei, dar în pofida a ceea ce știam numai eu cu fiul meu, cred că femeia de serviciu și bona copilului și—au dat seama. Atunci nu am mai avut îndoieli asupra acestui odios incest petrecut sub ochii noștri, dar m—am temut cel mai mult pentru Mihnea. Pe măsură ce al doilea copil creștea, semăna tot mai mult cu soțul meu, dar arăta semne clare că nu era normal. Mi—am zis atunci că Dumnezeu i—a pedepsit cum se cuvine.

Mihnea a stat multă vreme cu medicamente la înde-mână pentru a—și lua viața și sunt convinsă că nu a fă-cut—o numai pentru mine și pentru băiatul său.

Tiranul—tată ajunsese tot mai puternic prin relațiile la nivel de guvern și nimeni nu ar fi îndrăznit să sufle în fața lui, cu atât mai puțin noi, pe care cred că ne—ar fi otrăvit la cât era de pasionat în relația cu nora, mai ales acum, cu copilul nou născut în care se regăsea, cum nu se regăsise în Mihnea care semăna numai cu mine. Băiatul nostru crescuse terorizat, disprețuit, ba chiar urât pentru sensibilitatea lui:

— Ești o balegă mă, semeni cu mă—ta, tu nu ești băiatul meu, nu ai nimic de la mine, îi aruncase deseori bietului Mihnea care era sclipitor de deștept la studii, dar fusese inhibat de acest tată coleric și mitocan vorbindu—i ca un sacagiu din portul Turnu Măgurele.

De îndată ce avea acasă o femeie pentru îngrijirea bastardului, *Salteluța Tribunalului* își reîncepuse a trăi viața intens, de unde i se trăgea și numele pus de colegii de breaslă.

Era tare pe situație pe toate fronturile: acasă comanda totul prin glasul autoritar al soțului meu, manipulând prin existența copilului cel mic, pe Mihnea îl domina cu aerul tipic al prostituatei obraznice care știe că ne poate distruge pe toți cu o vorbă, la tribunal amenința în stânga și în dreapta știindu–se la adăpost fiind nora *marelui scriitor,* apoi prin atacul direct al celor pe care dorea să–i manipuleze și pe care îi culca fără probleme de etică.

A reorganizat și spațiul prin distribuirea camerelor din casa noastră uriașă, așa încât să–i fie simplu soțului meu, sau ei, să se ducă unul la altul oricând fără a fi observați de noi, care am fost mutați la parter. Ca să mergi de jos la etajul casei trebuia să urci o scară interioară în spirală care lua ceva timp și oricum se auzeau pașii când urcai pe ea.

Trăiam ca într–o film halucinant și nu ne puteam crede ochilor că aceasta se petrece cu noi. Fusesem izolați, *puși cu botul pe labe,* așa încât primul copil al lui Mihnea cu tatăl și cu mine împărțeam același spațiu de locuit la parter, dar trebuia să ne întâlnim uneori la masa de seară sau când veneau invitați care nu trebuiau să știe ce se petrece în casa noastră.

Cel mai nenorocit era Mihnea care cu un stoicism de martir își ducea tragedia în spate, n–ar fi putut nici să fugă că n–ar fi avut unde; în afara țării n–ar fi făcut–o din cauza mea și a băiatului său pe care nu–l putea lăsa pradă situației. Venea rareori acasă noaptea, când nu rămânea să doarmă la spital și–l vedeam doar câteva zile pe săptămână când ne înțelegeam din ochi și ne vorbeam tot mai puțin.

Unica mea preocupare era să urmăresc evoluția primului meu nepot la învățat limbi străine și lecții în general, ceea ce îmi dădea un scop în viață și mă ajuta să nu–mi pierd mințile.

Lucrurile au continuat neschimbate în familia „marelui scriitor", fără a fi fost găsite soluții la conflictul creat, până când *tiranul* a dat ortul popii. A fost o mare eliberare pentru toți!

Nu se știa cât anume din banii lui fuseseră transferați în contul *Salteluței*, dar ea a fost cea mai avantajată fiind liberă să–și continue escapadele amoroase oricând și cu oricine ar fi dorit, având resurse materiale suficiente să ducă o viață de huzur, în timp ce copilul ei anormal fusese dus la un cămin special pentru copii handicapați. Doctorul ajunsese ca o umbră, iar doamna Nina aproape că nu mai era de recunoscut.

L–am întâlnit o dată pe doctor la spitalul unde lucra, având o scurtă internare pentru investigații; îl priveam cu admirație și respect pentru capacitatea lui de *a se fi vărsat* în meserie, unde era excepțional și mă gândeam cum a mai găsit resursele imense să mai și scrie ca să treacă peste drama lui pe care o știam de la draga lui mamă.

După niște ani de la plecarea mea din țară am aflat că și doctorul Mihnea a murit; i–am trimis un gând pios pe drumul său ultim, iar cărțile scrise de el, unice în literatura românească, le–am ținut de–a dreapta celor foarte dragi sufletului meu.

Plecase dintre noi un spirit ales, medic excepțional, intelectual de clasă și scriitor care trăise terorizat și sufocat de brutalitatea unui tată odios a cărui *valoare fabricată* a pierit odată cu el.

Iedera

Legenda:

O poveste din țările nordice spune că un fir de iederă firavă s−ar fi dus la un uriaș arbore secular să−i ceară adăpost sub coroana lui protectoare. Copacul a primit−o generos, ea și−a înfipt rădăcinile alături și agățându− se de coaja lui, a început să se ridice înfășurându−l cu nădejde. Creștea în fiecare zi și se tot înălța spre soare, în timp ce copacul începuse să se cam usuce, fiind sufocat de planta care, dintr−un firicel anemic, se întindea fără limite, gata să−i înfășoare toată tulpina.

Într−o bună zi copacul s−a trezit că se înăbușă din cau- za iederii care−și întinsese tulpinile și frunzele pline de seva din spinarea lui, înălțându−se până la ceruri; a început să se stingă încet, încet, murind sub ochii ei care se întinsese cu mult deasupra coroanei lui, cândva maiestuoase. Iedera nu cunoscuse limitele până la care se putea extinde folosind sprijinul bătrânului arbore; nu învățase lecția despre simbioză, dar nici nu i−ar fi păsat.

O familie de români de pe coasta de vest mi−a făcut un comision aducându−mi un pachet din România, ocazie cu care am intrat în legătură cu ei. Din când în când ne mai sunam la telefon făcând schimburi de păreri legate de viața de emigrant, având profesii similare; Vlad fusese conferențiar la o facultate din București, iar soția îi fusese studentă, lucrând acum amândoi pentru aceiași companie din Seattle.

Vorbind cu el la telefon mi–a cerut rezumatul oferindu–mi chiar o slujbă bună la compania lui, dar nu m–am aruncat să las serviciul din New York ca să mă mut pe cealaltă parte a continentului. Îl simțeam un tip integru, deștept și erudit, care pășise în State cu dreptul, fiind recunoscut în domeniul său ca cel mai bun specialist de pe continentul American, la scurt timp de la venire.

Soția lui avea o voce foarte afectată la telefon vorbind în vârful limbii așa încât să sune unduit, dar am simțit–o arogantă și închipuită încercând să pară importantă la adăpostul lui, care–i fusese stâlpul folosit pentru a învăța *„arta cățăratului"*.

După câțiva ani am primit o vedere de la soția lui, care se afla singură în vacanță prin Europa, iar conținutul acesteia mi–a transmis un semnal că ceva n–ar fi fost în regulă cu familia lor. După un alt timp am primit o altă scrisoare de la ea (care nu prea găsise timp până atunci să vorbească cu mine la telefon), în care mă anunța că a divorțat. Și...?

Ce o apucase să–mi spună tocmai mie când nu ne știam prea bine, era cu vreo douăzeci de ani mai tânără decât mine, nu o cunoscusem din țară, nu prea vedeam rostul acelei confesiuni.

I–am răspuns cu câteva rânduri din politețe, fără a întreba de ce a divorțat, că nu era problema mea. Simțeam ceva fals în atitudinea ei, ceva care nu mă încuraja de loc să continui relația, dar mă legănam între indolența de a tăia definitiv o legătură sau a lăsa lucrurile așa cum vor veni.

Mi s–a plâns că Vlad fusese un om care o obosea, o cicălea, era zgârcit, îi ascundea cardurile ca să nu cheltuiască prea mult, dar se și săturase de el după aproape șaisprezece ani de căsătorie fiindcă ea *"se plictisește repede"* (!?)

– De când eram mică, dragă, rugăciunea mea a fost: *"ajută–mă Doamne să nu mă plictisesc"*, îmi spusese odată la telefon. Mi–a scris apoi că a întâlnit un om extraordinar explicându–mi cum a plecat de la Vlad și cum probabil se va căsători cu noua achiziție.

Mai târziu m–a onorat cu niște poze de la nunta cu Jeff, noul soț american, în care am reușit să–i identific pe cei doi copii ai ei și alți doi ai lui, apoi pe cea mai bună prietenă a ei pe post de nașă, deci mă pusese la curent cu noul ei statut.

Invitase oameni de pe două continente să participe la sindrofie, inclusiv pe mine; avea nevoie de un spectacol în care toată lumea să de învârtească în jurul ei, cerea atenție permanentă cu prezentare de toalete, de noi prieteni, se dorea atenționată și adulată undeva între prințesa Diana și Imelda Marcos.

Pe mine nu m–a impresionat fiind mult prea scumpă invitația și apoi nu o cunoscusem personal, așa că participarea mea a constat numai într–o frumoasă felicitare trimisă pentru ceremonie; altfel m–ar fi costat *plăcerea* cât un concediu bun în Spania, la sugestiile ei de a da o mulțime de bani la masă, drumul până acolo, hotelul, cadourile așteptate și multe altele.

Devenisem martoră, de la distanță, a celor petrecute în viața ei, dar am înțeles–o că fiind singură în *lumea nouă* avea nevoie de cineva la care să se mai vorbească, să primească sfaturi, având destule informații despre mine ca să–i inspire încredere.

După căsătoria cu Jeff, ea a dispărut de pe firmament pentru un timp, după care m—a mai căutat uneori, probabil când nu avea ce face. Am sunat—o și eu în câteva rânduri cu probleme legate de comisioane, de dus sau adus câte ceva din România, de sărbători, dar o găseam mereu ocupată: ba făcea clătite, ba mămăligă, ba era pe picior de plecare, iar ultima oară m—a rănit profund când am telefonat de Crăciun să—i spun „sărbători fericite" întrebând—o ce mai face. Mi—a răspuns exact așa:

— Ce să fac dragă, sunt aici cu toată familia, cu bărbatul și copiii mei și n—am timp pentru nimeni!

A fost o palmă peste obraz pentru mine care nu eram *„cu bărbatul și copiii mei de sărbători"*, deci nu făceam parte din statutul social în care poate funcționa o femeie *„demnă"* ca ea și m—am simțit cum nu se poate mai rău, dar a trecut.

Mi—a transmis răceala și indiferența omului fără inimă care te caută numai când are el chef, timp, sau nevoie și după aceea uită și cum te cheamă până la următorul moment de impas. Cum n—o știam dinainte, nu—i cunoșteam viața mult prea complicată pentru o femeie încă tânără, ca ea; îmi povestise doar că Jeff avea doi copii din alte două căsătorii eșuate, fiica lui locuia cu mama, în timp ce băiețelul, destul de mic la acel timp, va sta mai mult cu ei.

M—a informat între timp că și—a cumpărat o casă foarte mare, ca să aibă loc toți copiii ei și ai lui când vin în vizită. M—am întrebat atunci unde vor fi stând cei doi copii ai ei în restul timpului, dar nu i—am spus—o.

Totul părea așa de aiurit, însă ea găsea explicație pentru fiecare mișcare făcută, oricât de greșită ar fi fost.

În toate conversațiile îmi vorbea despre etichetele hainelor foarte scumpe pe care le cumpăra numai de la cele mai renumite buticuri, cosmeticele ultra sofisticate de sute de dolari și cum toată lumea se oprea să–i spună ce frumoasă este. Pe scurt, toată suflarea din Seattle și din împrejurimi trebuia să leșine de apariția ei!

Totul era concentrat numai în jurul persoanei ei fizice, cel mai mult având nevoie de complimente și aprobări legate de cum arată, numai că eu o știam din poze, n–o întâlnisem încă. La un moment dat a decis să vină pe coasta de est să mă vadă, având și un plan de a investiga dacă aș fi vrut să–mi facă legătura cu un fost profesor al ei, care se afla singur în America.

Am așteptat–o la aeroport și cum ne–am întâlnit am remarcat din primele ei gesturi preocuparea numai pentru ce impresie face, ce stârnește în jurul ei; își studia fiecare mișcare, rotea ochii de la stânga la dreapta clipind foarte des din gene urmărind pe furiș dacă a atras cuiva atenția, își scutura capul alintându–se și așteptând sau cerșind complimente de la mine, atentă dacă cineva din jur a leșinat sau nu la apariția ei.

— Nu–i așa că–ți place cămașa mea de noapte, îmi spuse ea seara acasă, rotindu–se pe vârful picioarelor, ce zici de părul meu, abia mi–am schimbat culoarea, ai văzut verighetele ce le–am făcut cu Jeff?

Toate subiectele erau legate numai și numai de aspectul ei exterior. Se vroia unică și admirată continuu pentru fiecare deget mișcat prin aer.

Eu eram atunci atât de obosită de serviciul meu greu și responsabil, eram și foarte bolnavă așa încât abia eram în stare să onorez vizita cuiva, nicidecum să mai stau în adorație pierzându-mi vremea, pe care n-o aveam, pentru o maimuțică ce m-a alergat prin toate magazinele să-și cumpere fel de fel de lucruri probându-le, răsucindu-se în toate oglinzile, noroc că nu m-a ținut să-și probeze și așternuturile cumpărate pentru paturile din casa cea nouă. Venise să mă vadă pe mine, dar m-a alergat peste tot să-și caute de ale ei.

Que sacrificio!

Mi-a povestit câte ceva despre viața ei și atunci mi-am dat seama că lăsase în urmă un trecut destul de glorios la mai puțin de patruzeci de ani.

Fiind studentă încă, se căsătorise după primul an de facultate cu un băiat cu care concepuse un copil. Bărbat foarte arătos, dar și foarte deștept, era extrem de gelos iubind-o ca un obsedat (spunea ea).

Mama ei a luat fetița s-o crească ca s-o ajute cu facultatea, în timp ce ei locuiau la cămin continuându-și fiecare cursurile. Fiind foarte capricioasă, răsfățată și neobișnuită cu frustrările a decis după un an de la căsătorie că nu-l mai vrea pe Petru și a cerut divorțul convingându-i pe părinții ei că soțul, ales de ea, era *o brută* care o teroriza cu gelozia și nu se mai putea trăi cu el. Plângând pe umărul tatălui, i-a cerut acestuia s-o ajute să se despartă de Petru, când părintele iubitor a crezut-o și sprijinit-o imediat în planul ei, deși îl plăcuse tare mult pe ginere.

Iedera l–a împiedicat pe soț să–și mai vadă fetița ceea ce l–a făcut pe bietul om să sufere îngrozitor pentru această pedeapsă crudă.

În același timp găsise deja un asistent de la facultate, care o curta din vremea când era căsătorită și care a cerut–o de nevastă după divorț; a acceptat imediat cu condiția să–i înfieze copilul ceea ce s–a și întâmplat. A rezolvat problema responsabilității pentru fată, înlăturându–l pe Petru din viața ei și primind imediat sprijinul domnului asistent ca părinte, dar mai ales pentru a–și termina studiile fără dureri de cap.

Așa am aflat că Vlad fusese cel de al doilea soț oficial pe care *Iedera* spunea că nu l–a iubit. Asta am priceput eu repede, dar a mai făcut un băiat cu el pentru a „consolida fundația" căsătoriei numărul doi, fiindcă oricum i l–a crescut tot mama.

Foarte abilă l–a împins pe Vlad să–și caute relații pentru a primi pașaport de turist și au călătorit de câteva ori în Europa cu aranjamente făcute de tații–ștabi cărora el le medita copiii. La ultima dintre plecări el *a uitat* să se mai întoarcă, tot la îndemnul ei, după care l–au urmat cu toții în America. Vlad a deschis toate căile pentru ei, răzbătător și capabil, și–au luat licențele de *professional engineer,* iar după revoluție a mers în țară să–și susțină teza de doctorat, lăsată în suspensie prin dispariția lui cu turismul.

Copiii creșteau fără a ști că nu–s frați buni, timp în care Vlad a fost un educator și tată excelent pentru amândoi, mai ales pentru fată, chiar de nu era a lui.

La un moment dat *Iedera* a fost trimisă de companie la niște cursuri unde a întâlnit un individ cu care s–a lăsat atrasă într–o idilă amoroasă jonglând între serviciu, soțul obositor și nedorit, copiii care aveau nevoie de ea și amantul cu o mie de încurcături și el.

Ca să creeze conflictul de care avea nevoie pentru evadare i–a spus fetii că Vlad nu este tatăl ei, ceea ce a adus un adevărat uragan în relațiile lor de familie, după care *Iedera* a plecat de acasă fără să–i pese, mutându–se la amant. Pe copii i–a îndoctrinat că Vlad este un om cu care nu se mai poate trăi și fără pic de remușcări îmi povestea mie cum ne aflăm în secolul XXI când familiile despărțite și cu copiii înșirați pe unde se nimerește, sunt un fenomen foarte firesc.

– Copiii cresc oricum și dacă părinții divorțează, asta nu afectează cu nimic dezvoltarea lor, spuse *Iedera*, care avea măiestria de a găsi totdeauna explicații în favoare ei pentru orice faptă, pozând deseori în victimă. Psihologii care fac terapie copiilor și părinților separați mi–au spus că un divorț nu afectează prea mult relațiile, iar aceștia nu au traume psihice fiindcă în generația lor au alt mod de a gândi și înțelege viața spre deosebire de noi.

Nu aveam dreptul să o judec, dar când îmi povestea cu nonșalanță cum trecea de la o situație la alta, de la un bărbat la altul, fără să țină seama de existența copiilor, sau a părinților ei care–i toleraseră toate mofturile, fără să–i pese decât de cum se simte ea pe momentul acela, nu puteam să nu mă sperii.

Indiferența și egoismul feroce pe care le afișa erau șocante!

Important era pentru ea ca orice schimbare de situație să implice neapărat *o baza materială solidă* de care se agăța ca un handicapat de o cârjă.

A fost dată afară de la serviciul căpătat prin soțul numărul doi – Vlad, mai exact el a obligat–o să plece simțindu–se oribil că nevasta lui îl părăsise plecând după un amant.

Mie îmi spunea că lucrează la business–ul soțului numărul trei – Jeff și că a lăsat deoparte ingineria, că oricum nu fusese chemarea ei.

La momentul plecării ei de la Vlad, *sufletul ei sensibil* a îndemnat–o să scoată toți banii ce–i aveau împreună și să–i trimită în România.

Apartamentul cumpărat în America, pe când era cu Vlad, de unde ea aștepta să mai capete niște bani, nu s–a vândut fiind luat de banca ce le furnizase împrumutul, stricându–i planurile gingașei și neajutoratei *Iedere*.

Rezemându–se de soțul numărul trei făcea un fel de contabilitate pentru compania lui, se ducea la lucru cam de două–trei ori pe săptămână, nu avea niciun plan de pensie, nicio asigurare medicală, trăia la voia întâmplării, dar era important *că nu se plictisise încă.*

Găsise un alt copac pe care să se cațere, un soț băștinaș care știa bine toate rosturile locului, limba, deci se putea bizui fără grija zilei de mâine; căpătase un statut social demn, o casă confortabilă, dar începuse să–i cam scadă entuziasmul chiar și pentru acest partener pentru care pretinsese că făcuse o pasiune când l–a întâlnit. Lua tot felul de cursuri în diferite specialități, fără vreun scop sau organizare, mărturisind ea însăși că nu se poate disciplina să facă ceva constructiv, chiar dacă și Jeff o îndemnase să aleagă și decidă un drum pe care să meargă constant.

Vorbind cu mine am întrebat–o direct dacă știe ce vrea, ce–și dorește de la viață, fiindcă tot căuta un răspuns de la mine.

– *Asta este dragă că eu nu ştiu ce vreau*, a fost răspunsul ei cu o voce de copil alintat, căruia i se cuvine totul, care m–a paralizat.

Să spui că n–ai aflat ce vrei, când te apropii de cincizeci de ani, este grav cu adevărat!

Poate fusese greşeala părinţilor care i–au făcut toate mofturile, au fost de partea ei în orice prostii a făcut şi pe care i–a manipulat cu o măiestrie de actriţă profesionistă.

– Eu am fost crescută de părinţi într–o cuşcă de aur, n–am mişcat un pai acasă şi consider că mi se cuvine totul, îmi spuse la un moment dat *Iedera*.

S–a înapoiat la Seattle lăsându–mi un gust amar la plecare datorită unei licăriri stranii ce–i sclipea din ochii prea apropiaţi de rădăcina nasului, creând o asimetrie cu trimiteri foarte negative fiinţei mele, ca un drăcuşor bine ascuns în spatele zâmbetului fabricat–dulce.

Era drăguţă, cu ochii frumos conturaţi, o prezenţă bine studiată, dar nu apucai să–i admiri frumuseţea din cauza unor bio–unde energetice malefice pe care le emana dinăuntrul ei la prima vedere. Nu te lăsa să mai exişti în propriul tău spaţiu fiindcă te asalta cu dorinţa de a o băga în seamă, lăuda şi diviniza permanent. Numai, ea, ea, ea!

Îţi arunca peste umăr nişte priviri de sus cu aroganţa tipică omului care poartă în el o goliciune pe care ştie să şi–o acopere cu grijă, arborând un aer de superioritate.

Se şcolise la adăpostul lui Vlad agăţându–se de el cu forţă ca să fure după ureche ceva cultură să poată epata, se plimbase puţin prin lume tot cu el, luase o diplomă şi un serviciu tot prin el, deci era convinsă că este „*cineva*" la momentul când l–a părăsit.

I—am simțit din priviri și comportare disprețul că nu mă găsise locuind într—un palat poleit cu aur, cu valeți la ușă să—i facă ventilație cu pene de pasărea paradisului și cum numai fastul bogăției imperiale o impresiona, m—a trecut probabil la capitolul „cunoștințe inutile" dispărând din nou pentru lungă vreme.

Pagubă—n ciuperci, mi—am zis eu atunci, dar nu era așa, fiindcă *Iedera* caută cu sârg și găsește întotdeauna copacul potrivit momentului ca să se agațe, sau măcar să se reazeme pentru a supraviețui etapei următoare.

M—a sunat din nou să—mi spună că se afla acum cu fiica ei la o reședință a soțului numărul unu, Petru, tatăl biologic al fetii, care devenise multimilionar prin propriile forțe.

Iedera se trezise și realizase imediat că fiica ei se afla la vârsta colegiului care trebuia plătit de cineva și l—a vânat abil pe bietul om. Fata, care fusese crescută de părinții *Iederei*, iar mai târziu educată cu grijă de soțul numărul doi — Vlad, era plasată acum la un loc perfect, înnodând ața și exploatând sentimentele tatălui biologic frustrat atâția ani de lipsa copilului.

Fiind atât de bogat, *Iedera* l—a iertat pe loc pe *bruta* de care fugise cândva, i—a pus în brațe fiica și a lăsat—o acolo să—și termine studiile.

Soțul numărul doi — Vlad, îl preluase pe băiat, care era al lui și de care a trebuit să se ocupe fiindcă îl iubea, în timp ce ea își epuizase energia pentru a mai juca rolul de mamă.

Ciripind dulce, neajutorata, fragila *Iederă* rămăsese să ofteze pe lângă Jeff, soțul numărul trei, cât de epuizată era, cu nevroze, angoase, fibromialgie și alte boli imaginare care o storceau de energie și nu prea se mai ducea să lucreze ajutându–și soțul care era responsabil și foarte dedicat afacerii sale, fiind patron.

– Pentru Jeff, munca este ca un orgasm, dragă, un prilej de fericire supremă, îmi spusese o dată la telefon.

Uitase că avusese înainte aceeași opinie despre Vlad, care devenise o personalitate mai ales prin muncă. Așadar, cine muncea cu pasiune nu se bucura de prea multă considerație din partea ei, care nu știa ce înseamnă dăruirea, tenacitatea și mai ales disciplina pentru a înfăptui ceva solid într–o profesie.

Jeff a trimis–o la diverși terapeuți și psihologi, dar rămânea tot „suferindă" când era vorba ceva serios de făcut. Problema ei era că nu prea vroia să facă nimic.

El începuse a obosi de mofturile ei, dar *Iedera* a simțit iute că–i cam pleacă pământul de sub picioare și–și ascuțea gheare noi cu care să se agațe de sursa de venit pentru o viață fără griji. Salvarea ar fi fost când i–a venit ideea că ar fi bine să mai facă un copil și soțului numărul trei, „*să dreagă coada la ibric*" consolidând relația în curs de prăbușire. Și–a făcut un tratament să rămână însărcinată, însă susținătorul a spus „halt" la un moment dat, nu mai dorea copilul!

A trebuit să scape de copil, după care iar a intrat în toate depresiunile psihice, mialgie, angoase, nevroze, orice cu care l–ar fi înduplecat pe Jeff să n–o părăsească. Jeff însă începuse să nu prea mai vină acasă, se săturase.

La acel moment crucial pentru viața ei și–a amintit de mine începând să mă asalteze din nou cu telefoanele, fiindcă toți prietenii o părăsiseră și nu avea cine să–i asculte plângerile sau cu cine să se sfătuiască.

Când Jeff a dat–o afară de la compania lui înaintând divorţul şi a venit să–şi ia pianul din casă ea s–a prăbuşit! A chemat copiii s–o ducă cu salvarea la spital, a vrut să se sinucidă dar... s–a răzgândit! A încărcat imediat cardurile comune cu vreo 25.000 de dolari cheltuieli ca să fie sigură că măcar rămâne cu ceva. Nu avea serviciu, nu avea cu ce acoperi cheltuielile de întreţinere ale unei case mult prea mari, nu avea asigurare medicală, nu avea din ce trăi, dar era în căutarea unei noi surse de existenţă.

Mi–am amintit din nou că *Iedera* nu piere, ea află mereu soluţii de supravieţuire distrugând până la ultima fibră pe cel care a lăsat–o să se înalţe pe spinarea lui!

L–a căutat urgent pe avocatul Armand, colacul de salvare care o scosese basma curată din divorţul cu soţul numărul doi – Vlad şi cu care avusese relaţii destul de apropiate lăudându–se că o ceruse chiar de nevastă. L–a găsit şi, cu sprijinul lui profesional, a început lupta pentru a–şi păstra casa deşi nu era plătită decât o mică parte; ar fi vrut *Iedera* şi o pensie de vreo 4.000 de dolari pe lună de la Jeff, dar... nu s–a putut.

Când a fost sigură că a câştigat casa după divorţ, l–a căutat pe Petru – soţul numărul unu –, prin fiica lor, pe care l–a făcut să vină până la ea s–o consoleze. Acest om, care o iubise cândva, i–a plătit casa de câteva sute de mii de dolari până la ultimul sfanţ, i–a achitat toate cardurile, i–a deschis un cont în bancă şi i–a făcut în mare secret un fel de salariu lunar pretinzând că ar lucra pentru compania lui, a cadorisit–o cu laptop nou, celular universal, multe alte obiecte costisitoare, dar şi–a cerut partea leului: a trebuit să–i redevină amantă când vroia el, unde vroia el, la orice oră din zi sau noapte, să–l urmeze în China, Japonia, Elveţia, Austria, Italia, Mexic, Brazilia, Washington DC sau New York, oriunde călătorea pentru afacerile sale.

A fost răzbunarea pentru anii de frustrări în care îl ținuse departe de fiica lui, o trata ca pe o femeie de stradă, umilind-o, dar ei nu i-a păsat. Bani să fie!

Petru era căsătorit acum având alți copii cu actuala lui soție.

— A fost primul meu bărbat dragă și ne-am iubit, deci revenirea la el mi se pare acum firească, îmi spunea mie la telefon, justificându-se („*Hai, tu*, ce vorbești?"... mi-am zis eu).

M-a sunat odată din Austria, unde de afla cu Petru, să-mi povestească că abia așteaptă să vină înapoi în State fiindcă a întâlnit în avion un italian de care s-a îndrăgostit!?

Întoarsă din voiaj a început să se întâlnească cu italianul, care era și el însurat cu copii. Era fermecată de omul care închiriase un apartament la un hotel de lux și o aștepta la întâlniri ca pe o prințesă. Eu știam că numai curtezanele aveau asemenea primiri strălucitoare.

A continuat apoi tratamentul de consolare cu prietenii celui de al treilea soț, Jeff. Era numai exaltare când povestea despre fiecare din ei, cum o adorau, cum o lăudau ce frumoasă este și ce ticălos a fost Jeff care... plecase după una cu douăzeci și cinci de ani mai tânără ca ea. Evident că i-a folosit pe fiecare dintre ei, după profesii: la reparat casa, calculat taxele, ca și multe alte treburi, poate și din dorința de răzbunare, dar... cine plătise prețul?

A făcut un tur de forță prin sudul Californiei unde l-a căutat și pe fostul ei profesor pe care vroia să mi-l prezinte și cu care a petrecut câteva nopți; ar fi fost gata să plece după oricine i-ar fi spus că este frumoasă și i-ar fi sugerat ceva solid de trai. Era felul ei de a mulțumi la complimentele după care jinduia înfometată de când venise pe lume.

Cum se tot plângea că nu se simte bine și nu știa de ce, a plecat în căutarea unui doctor naturopat, la sugestia mea, care descoperisem niște hibe cu ajutorul unui specialist de acest fel. Cum l—a găsit și întâlnit mi—a spus că a fost dragoste la prima vedere, dar el era încă într—o relație cu o individă care lucra chiar în cabinetul lui.

Iedera a țintit că acesta ar fi putut fi un alt copac pe care s—ar fi putut cățăra, la ideea că probabil un doctor cu cabinet particular ar fi putut fi plin de bani. A făcut totul ca Dr. Xen s—o expedieze pe individa cu care era în relații de business și de pat și s—a mutat peste el, cu motan cu tot, într—o casă pe care acesta o avea undeva pe o insulă, departe de Seattle; și—a adus chiar și copiii în vizită să—l cunoască, însă omul a fost foarte prudent analizând—o și spunându—i crud ceea ce gândea despre ea:

– Eu nu sunt bun pentru tine, nu sunt ceea ce ai tu nevoie! Ești un om fără preocupări serioase, superficială și închipuită, fără talente și pasiuni cărora să te dedici, ești foarte risipitoare deși nu câștigi nimic, fiindcă nu—ți place să muncești, dar te afli în căutarea unui om bogat care să—ți plătească facturile și să—ți accepte mofturile.

Iedera cu gene de „Poison Ivy" (urzică otrăvitoare) s—a ofensat și—a luat motanul și s—a mutat înapoi la ea acasă cu bulendre cu tot. Îi eșuase planul și căzuse din nou în groapa de potențial; fusese prea ocupată să—l acapareze pe doctor, ca să se mai ducă la ultima întâlnire cu Petru, deci s—a trezit dintr—odată singură și fără o sursă de subzistență. El i—a tăiat urgent conducta de alimentare cu bani și a dispărut fără urmă făcându—se ocupat cu

afacerile lui, întrucât ea
nu onorase ultima lor
întâlnire pretinzând că ar
fi fost bolnavă.

Suferise două afron-
turi serioase: de la soțul
Jeff, care o părăsise exact
așa cum l–a părăsit ea pe
Vlad–soțul numărul doi,
iar acum de la doctorul care
a cumpărat–o repede ce–i
poate pielea și a fugit cât
mai departe de ea. La scurt
timp după ruperea relației
lor, doctorul s–a căsătorit
și s–a mutat în Mexic.

Le desaguñona?

Ar mai fi putut la nevoie să–l manipuleze pe Petru
numai prin fiica lor, deci a făcut totul să balanseze relațiile
cu ea și să păstreze poarta deschisă la banca tatălui.

Când n–a mai avut nicio soluție de existență a recurs
la ultima salvare, vândutul casei ca să aibă din ce trăi, a
închiriat un condominiu scump și fiind așa *o fire studioa-
să* s–a întors să mai ia niște cursuri pe diverse teme, apoi
să călătorească în locuri sacre, ba chiar s–a gândit să se
mute la o mânăstire!?

Nu s–a gândit însă o clipă a–și căuta ceva de lucru,
fusese studentă pe viață, dar nu învățase să producă ceva.
Se considera acum o intelectuală cu pretenții, iar întâlni-
rile cu oameni peste un anumit nivel de pregătire îi puteau
scoate în cale un alt copac mai puternic din lumea bună,
de care să se agațe ca să–l stoarcă trăind ușor și dându–i
senzația că–i face chiar o favoare.

– Eu cred că acolo, undeva există o stea numai pentru mine, mi–am dat seama de când eram mică de asta. Am știut că sunt foarte *„specială"* și trebuie să mi se rezolve situația în orice încurcătură m–aș afla, spuse *Iedera* aflându–se în așteptarea unui miracol. (*„Taci tu, să vezi și să nu crezi"*... mi–am zis eu!)

Se împlineau vreo douăzeci de ani de când o știam și–și tot schimba gândurile, bărbații, casele și tematica cursurilor pe care le audia la nesfârșit, alergând de fapt în maratoane pentru a afla acel peștișor cu totul și cu totul de aur, pentru o viață de huzur în schimbul unor servicii amoroase dăruite cu indiferența ei proverbială.

Aparent n–ar fi fost un om rău, avea momente de generozitate când te putea copleși cu un cadou sau cu vreun ajutor și–ți putea deveni dragă până realizai că era toată un „fals", uitând că mai exiști pentru o vreme. Lunecoasă, artificială–superficială și rece, dar cu un stil amețitor. Avea un fel diavolesc cu care te putea păcăli cu mare ușurință dacă nu–i detectai la timp radiațiile periculoase pe care le trimitea cu prisosință când emițătorul îi era îndreptat spre linia de atac.

M–a sunat după un alt timp că a avut o întâlnire emoționantă, chiar la locul de parcare al mașinii, cu un bărbat de care a fost atrasă și care a venit spre ea. Omul a ieșit dintr–o limuzină foarte luxoasă și asta probabil a frapat–o sperând că ar deține vreo funcție importantă, eventual putea fi și foarte bogat. După această veste a dispărut un timp, când eu am plecat în sud pentru o lună.

Înainte de plecarea mea îmi spusese că plănuiește să se mute împreună cu el, că o costă mult chiria apartamentului ei, că va găsi pe cineva să se scape de motanul pe care–l adorase înainte, că are cu *omul–limuzină* o relație extraordinară, că l–a dus „la vedere" copiilor și este definitiv jumătatea ei pe veci.

Eu m–am întrebat în sinea mea cât durează *vecii* la ea, fiind aproape sigură că iar aud aceiași și aceiași poveste știută despre fiecare dinaintea acestui *ultim mohican* și m–am întrebat ce–or fi gândind copiii despre ea, cu atâtea schimbări de situații, fiindcă îi cunoscuseră cam pe toți amanții ei.

Reîntoarsă din vacanța mea am aflat că nu s–a mai mutat la acest ultim suflet geamăn și se află din nou la ea acasă.

– Este așa de incult dragă(?), așa de simplu, că nici n–am ce vorbi cu el, spuse *Iedera*, apoi are o situație specială fiind bolnav de inimă și mai este plin de datorii. („*I–auzi tu*", mi–am zis eu mirându–mă).

N–a mai mișcat o fibră din sufletul meu destul de deschis la problemele altora, știind că iar avea nevoie de cineva să–i asculte aventurile și probabil să se și asculte pe ea însăși povestind. Fiind ocupată cu cursurile, cu viața ei tumultuoasă, iar a dispărut. A revenit spunându–mi că se va muta din condominionul unde locuia fiindcă i s–au terminat banii de la casă!?

Asta da femeie, să mănânce în doi ani banii unei case scumpe, vândută la preț foarte bun!

Mi–a spus puțin jenată că a întâlnit la cursurile ei un alt individ cu care crede că se va muta, dar nu era încă sigură. Pentru mutare a convocat toți cunoscuții și pe cei doi copii ai ei, inclusiv pe omul–limuzină ca să–i care cutiile și iar n–am mai auzit de ea..

Toți terapeuții din lume n–ar fi putut s–o lecuiască de nebunia ei care lua forme aberante. M–am întrebat ce se va întâmpla când va mai îmbătrâni şi nu va accepta sub nicio formă degradarea fizică, apoi lipsa de atenţie a celor din jur, dacă nu–şi va găsi până atunci un suporter foarte bogat care să–i pună la dispoziţie jumătate din Terra pe care s–o calce sub picioare cu aroganţă şi dispreţ.

Mi–a părut rău pentru ea, îmi devenise apropiată, cu toate slăbiciunile şi viaţa ei răvăşită, dar mi se părea de nerecuperat. S–a mai reîntors la Jeff – sau el la ea – pentru un timp, apoi s–au separat din nou. Am simţit cum mă evita de ruşine, deci n–am căutat–o.

Oamenii care n–au înţeles satisfacţia muncii venită dintr–un lucru bine făcut şi nu au învăţat arta disciplinei, balansează toată viaţa mereu în căutare de *alţi cai morţi ca să la ia potcoavele*, sau alţi arbori robuşti din care să–şi tragă seva.

Nu mai eram curioasă să văd la ce soluţii va mai recurge *Iedera* şi cine va fi următorul arbore de cocoţat şi folosit. Eram ameţită de atâtea aventuri numai ascultându–le, dar să mai ai energia să le şi consumi? Era de admirat!

Poate cursurile pe care le tot audia o vor ajuta să se re găsească, mă tem însă că va afla doar o altă cale de manipulare bine deghizată.

Dacă m–ar bate gândul răzbunării pe bărbaţi atunci *Iedera* ar merita o medalie de excelenţă, fiindcă a plătit poliţele pentru toate femeile păcălite din lume.

Afară-i vopsit gardul, înăuntru-i leopardul

De ani şi de ani ne petreceam sărbătorile de Crăciun, Paşte, An Nou şi multe altele la prietenii noştri de familie unde erau invitaţi oameni din elita culturală bucureşteană cu care ne reîntâlneam cu mult drag: directorul Radioteleviziunii Române cu prietena lui, cunoştinţa mea din şcoală şi comentator la TV, regizori, o mulţime de doctori de tot felul, apoi câteva personagii din guvernul român care nu–şi puteau celebra sărbătorile religioase la Bucureşti fugind toţi la casa Enăcheştilor, departe de capitală, pentru a se ascunde de ochii „albaştri" şi curioşi ai filatorilor.

Aşteptam cu emoţii şi entuziasm fiecare sărbătoare fiindcă gazda Adela, medic şi amfitrioană fără egal, făcea tot ce era omeneşte posibil ca musafirii să aibă cele mai vrăjite clipe de destindere cu bancuri, muzică de ultimă oră, condiţii de dormit la „hotel rogojină" (pe saltele pneumatice înşirate pe covoarele persane), băuturi alese dincolo de orice imaginaţie la capitolul varietăţi, mâncăruri franţuzeşti, greceşti şi româneşti, aşa încât atmosfera era absolut extraordinară întotdeauna.

Când nu mergeam la ea închiriam de anul nou o vilă la Buşteni sau Breaza cărându–ne cu sarsanalele pe tren în aceiaşi formaţie de la petreceri, eventual cu ceva noi clienţi de gaşcă.

Traian, soţul ei şi stăpânul casei, strălucit chirurg de reputaţie, cultivat şi plin de simţul humorului, acompania nobleţea ei şi răsfăţul nostru, aşa ca fiecare întâlnire să ne rămână pe în memoria sufletului pentru totdeauna.

Din toată tinereţea mea ei au rămas prietenii de suflet, mai ales Adela care avea toate calităţile doctorului foarte uman, prietenului la nevoie, sfătuitorului înţelept la momente de cumpănă ale vieţii, chiar ajutor material şi toate orizonturile deschise pentru a cuprinde durerile altora să le aline. Fusese căsătorită înainte cu un fost coleg de facultate care devenise morfinoman şi cu care nu a putut convieţui. Pe Traian îl întâlnise la un spital de provincie unde se transferase, când o pasiune nebună i–a unit pe amândoi într–o relaţie foarte specială; din devotament pentru el şi–a schimbat specialitatea în anestezist–reanimator, ca să–i îngrijească şi salveze bolnavii pe care–i opera el, petrecându–şi toată viaţa la spital lângă patul lor, aşa încât oamenii o venerau pentru asta.

Eram pe atunci cea mai tânără din grup, cu vreo douăzeci şi cinci de ani sub vârsta lor, dar ne înţelegeam de minune, eu având numai de învăţat de la ei. Adela mă chema deseori cu câteva zile înainte de pregătirile pentru sărbători ca să supraveghez operaţiile de pregătit aperitivele, pateurile franţuzeşti, icrele, cega, fripturile, şi alte fineţuri plus pe femeia de serviciu, care avea nevoie de cineva să–i dea instrucţiuni.

Ea provenea dintr–o familie înstărită care avusese toată viaţa aceiaşi servitoare ce devenise un fel de membru al familiei după atâţia ani petrecuţi în casa lor. Această femeie avea la rândul ei o fiică, Luci, care fusese crescută tot cu ajutorul neprecupeţit al stăpânilor generoşi şi iubitori, iar când Adela a ajuns doctoriţă a început s–o ajute ca pe o rudă, continuând tradiţia părinţilor ei.

Când Luci a ajuns la vârsta potrivită căsătoriei Adela i—a creat ocazii pentru a întâlni nişte bărbaţi de bună calitate, în ideea că şi—ar putea găsi un partener de viaţă, fiindcă nu—i plăcuse şcoala şi nu trecuse peste şapte clase elementare.

Luci era drăguţă, dar nu excela în frumuseţe, cu atât mai puţin deşteptăciune, având tendinţa de a urî tot ceea ce nu pricepea, din cauza limitării impuse de lipsa de educaţie şi cultură, mai ales.

Am cunoscut—o pe această coniţă când familia doctorului Enăchescu o luase cu tot grupul nostru într—o excursie lungă prin ţară; devenise *doamna* Manea, avea şi un copil de vreo opt ani, era plină de ifose cu privirea cam tâmpă cerşea mereu atenţie şi era evident că o invidia pe Adela imitând—o în orice, dar bârfind—o prin spate fără ruşine.

După acel concediu am reîntâlnit—o frecvent în casa Adelei la petrecerile la care ne adunam cu toţii, îi îmbrăca capoatele de casă, îi purta bijuteriile, se ducea cu ea la spital foindu—se printre bolnavi cu aerul unei specialiste, se mişca imaginându—şi că ar fi chiar doamna doctor, ţinându—se după ea ca o umbră, probabil fabulând că ea era şefa secţiei de reanimare.

Fusese de ani şi ani musafir în casa Adelei şi cum nu avea serviciu o aducea soţul de la Bucureşti cu câteva zile înainte de petreceri lăsând–o acolo să mai ajute la pregătiri; era *omniprezentă* şi *atotştiutoare*, o coropişniţă cu şapte clase primare, având o influenţă malefică asupra Adelei, manipulând–o cu mintea ei îngustă, dar extrem de periculoasă.

Adela fiind aşa de ocupată şi dăruită spitalului, încercase să–l protejeze pe Traian preluând toate responsabilităţile administrative, dar nu mai avea timp să bage în seamă amănuntele comportării Lucicăi, considerând–o om de încredere care îi era obligat moral şi material până la moarte.

Adela cu Traian erau un cuplu profesional, intelectual şi afectiv de invidiat, care îţi dădea impresia că sunt ca o cetate căreia nimeni nu–i poate sparge crenelurile.

La un ajun de An Nou, pregătit cu mare grijă pentru cei peste treizeci de invitaţi, ne–am reîntâlnit cu *omniprezenta* Lucica şi soţul ei, un inginer cu o poziţie bună într–un minister, foarte cumsecade şi serios, mereu gata să facă ceva pentru prieteni; adusese atunci o mulţime de lucruri necesare petrecerii şi cărase toate sifoanele şi lăzile cu băuturi într–o cameră mică de la podul casei, unde se făcuse depozitul pentru sărbători.

Masa de ajun fusese princiară, ne urasem cele cuvenite pentru anul ce urma, trecuse mult de miezul nopţii şi ne aflam fiecare din noi la diverse activităţi de jucat cărţi, unii la TV, alţii întinşi pe canapele sau pe saltelele aranjate pe covorul uriaş din camera alăturată relaxându–ne ca acasă.

Afară, pe terasă, aştepta pregătită *„stridia deşertului"*, un cocktail făcut dintr–un amestec de fructe şi băuturi exotice inventat de Adela, aruncate într–un cazan adus de la cantina spitalului şi la care mergea fiecare să–şi ia cu polonicul în cupa cu care servea.

Se băuse destul, iar unii amatori de „*dres*" ieșeau la terasă să–și mai răcorească gâtul cu *stridia deșertului* luată direct de la cazan.

Soțul Lucicăi, care băuse ceva mai mult, a strigat–o să–i aducă o cupă cu cocktail de pe terasă, dar ea n–a răspuns, nu era de găsit. El a sărit ca ars întrebând de Traian care lipsea și el.

Cu instinctul omului care bănuia, sau știa ceva, a dat să plece să–i caute, însă cineva de la masă i–a cerut un sifon. Cum cărase sifoanele la camera de la pod, a plecat să aducă la masă câteva după care să–și continue căutarea nevestei, care tot nu apăruse.

La câteva minute am auzit niște urlete ale soțului Lucicăi, urmate de explicațiile lui Traian în timp ce coborau unul după altul scara dinspre pod ca un tăvălug,

Ce să se mai explice că s–a iscat un mare scandal, toți musafirii au fost obligați să asiste la disputa foarte penibilă din care a reieșit că bietul om își găsise nevasta făcând amor cu Traian printre sticlele de vin și sifoane; era cel mai greu de bănuit loc, iar ei profitaseră de oboseala nopții mergând spre dimineață, când toți musafirii moțăiau pe unde se nimerise.

Adela fugise la spital fără să spună musafirilor, fiind

chemată la o urgență, deci momentul fusese foarte bine ales de cei doi inculpați.

Din discuția aprinsă a celor doi bărbați, pe fond de oboseală și băutură, cu insulte și ocări nemaiauzite, am înțeles cu toții că fetița Lucicăi ar fi fost de fapt a lui Traian.

Toată bucuria sărbătoririi Anului Nou a fost făcută praf de această scenă după care *coropișnița* de Luci a dispărut și n–am mai zărit–o printre oaspeți.

Avea o față pe care stătea scrisă eticheta târfei de mahala, fără strop de rușine, la care se adăugase gelozia ei pe biata Adela care îi făcuse numai bine toată viața.

Când s–a întors Adela de la spital scandalul era în toi; ea a încercat să atenueze totul, fiindcă abia intrând pe ușă nici nu se lămurise bine ce se întâmplase în lipsa ei, deși petrecerea de anul nou fusese stricată.

În mod penibil câțiva dintre musafirii de gală care se aflau acolo pentru prima oară, s–au sculat să plece, iar noi ceilalți ne–am furișat prin camerele alăturate să evităm a fi martori la situația creată.

În furii turbate și pe fond de oboseală soțul Lucicăi ne–a făcut o demonstrație de bărbat rănit în orgoliu, fiind păcălit de o femeie cu care se însurase din naivitate, că cei din grup nu știau cum să–l mai domolească. Se dezlănțuise ca un uragan, însă era dreptul lui.

De când or fi fost acești doi oameni în relație, cum s–a întâmplat ca Luci să lase un copil care să nu fie al soțului ei și cum a avut măiestria să ascundă cu dibăcie aceste lucruri, greu de ghicit și cum să mai înțelegi lumea?

Această Luci fusese parte din viața Adelei de când erau tinere și probabil trăise din umbră gelozia care s–a copt de–a lungul anilor până la ura care a dus–o în brațele lui Traian dorind să–i ia locul Adelei și să–l acapareze, să mențină cărarea deschisă la sufletul său prin copilul făcut în taină, dar crescut sub aripa soțului oficial.

Bellos consejos

O proastă cu șapte clase primare păcălise doi bărbați deștepți cu arma cea mai simplă a nerușinatei fără scrupule!

Întâmplarea din acea noapte m–a făcut pe mine, fată tânără, să meditez la slăbiciunile de moment oamenilor din cauza cărora își pierd capul, prietenii, onoarea, alteori banii și poziția socială, pentru o porție de dezmăț trecător pe care nu–l mai pot ignora cei apropiați, mai ales când se petrece în public și la un asemenea moment important.

Ceea ce m–a rănit atunci a fost umilința Adelei pe care însă și–a purtat–o cu demnitate de regină!

Această femeie de excepție ocrotise, ajutase și cadorisise pe Lucica de–a lungul întregii ei vieți contând că va avea alături un prieten de nădejde, o tratase ca pe o soră, îi lăsase deschise toate ușile casei și vieții ei, dar primise în schimb mușcătura otrăvită a omului fără caracter și bun simț; din păcate aceste două calități nu se pot educa, te naști cu ele, *le ai sau nu le ai.*

Tatăl

Lucram în același laborator cu Doina, o fată foarte drăguță cu care colaboram și cu care m—am împrietenit repede. Mă întâmpinase cu multă căldură de cum ne—am întâlnit și mă cultiva pentru a învăța de la mine tehnici noi de lucru, dar era și armonia unei relații în care oamenii își transferă sentimente benefice și cunoștințe reciproce în procesul de lucru.

Destul de repede după ce ne—am cunoscut m—a invitat la ea acasă sa—i cunosc familia: soțul ei un bănățean rece și destul de absent care lucra în computere, copilul lor și tatăl ei, care tocmai venise din Bucovina încărcat de daruri pentru sărbători, ocazie cu care îi adusese acasă pe băiețelul Robert ce—și petrecuse un timp departe de poluarea bucureșteană.

Tatăl Doinei era un reputat profesor, dar foarte sever în atitudine, aveai impresia că nici nu poți ridica ochii la el de teama să nu te repeadă; zâmbea numai rareori, țeapăn, cu o voce metalică, stătea în capul mesei ca un stăpân sever care ordonă supunere.

Simțeam o distanță de ani lumină între mine și el.

L—am cunoscut atunci și mi—a rămas gura strepezită de atâta crispare și atitudine dictatorială a domnului profesor, care nu știa să se destindă, fusese foarte strict cu fiica lui și—și îngropase fără lacrimi o soție tânără, foarte frumoasă și educată.

– Așa înțepenit și
neîngăduitor era și cu mama
ta, Doina? am întrebat–o eu
odată.

– Ei, povestea cu mama
mea este una lungă și tristă...
spuse ea.

– Dacă mama ta a murit
așa de tânără atunci cine
te–a crescut pe tine, am
continuat eu.

– Floarea, o fată adusă
de la țară pe când era de
vreo paisprezece ani și pe
care mama a învățat–o să se
spele, să gătească și să–mi

duca de grijă când ei doi erau plecați la școală.

– Dar de ce ți–a murit mama, a fost bolnavă, am
continuat eu, simțind că acolo se ascunde *ceva* care făcea
parte din subiectul „tabu" al familiei.

– Un fel de a spune bolnavă, cred că a fost otrăvită
de relațiile toxice din casa noastră, dar cel mai mult din
cauza acestei Floarea, care a fost ca o *mătrăgună*, un rău
necesar când eu eram mică și care mai târziu a dezvăluit
fața hidoasă a urii ce–o purta și răspândea în jurul ei.

Biata mama a murit cu taina ei pe buze eu fiind prea
mică să–mi spună ce se petrecuse în casă, sau a vrut să–
mi lase o imagine neîntinată a tatii.

– Dacă este prea dureros pentru tine, să nu–mi poves-
tești, nu vreau să mă amestec în treburile altora și nici să
transfer suferințele tale în contul meu, că am destule ale
mele, am rugat–o eu.

– Dimpotrivă, dacă povestesc mă mai răcoresc, deşi durerea mea nu va trece niciodată.

Doina a început cam aşa:

"Floarea a fost adusă în casa noastră, dintr–un sat unde tata cunoştea o familie de oameni foarte săraci cu mulţi copii, ca să aibă grija mea Eu am deschis ochii cu Floarea în casă şi depindeam de ea: mă hrănea, mă plimba, mă culca la timp după ce mama îmi făcea baie şi era de fapt ca o doică. Mai târziu mama a instruit–o şi pentru treburile din gospodărie ca să ne fie de ajutor şi la alte nevoi.

Când am crescut mai mare am simţit oarecare tensiune în casă, apoi grija mătuşilor mele pentru mine, care veneau mereu pe la noi şi aveau schimburi de priviri şi cuvinte cu tata, însă eu nu ştiam ce se petrece acolo. Suferinţa mamei care făcuse un cancer de sân n–a fost prea lungă, iar tata a înmormântat–o fără a ne arăta vreun regret, însă eu am crezut că aşa este firea lui rece, care nu ştie să arate afecţiune nimănui.

Am plecat la facultate, mătuşile mele mereu îmi trimiteau bani, m–au ajutat să stau la gazdă şi nu la cămin, mă ocroteau ca pe propriul lor copil, fiind mereu în relaţii antagoniste cu tata. Simţeam că–l detestă, ba chiar aş spune că–l urau, deşi el îmi trimitea bani şi pachete tot timpul.

Venind acasă pe neaşteptate într–o vacanţă, am intrat buzna pe uşă crezând că nu este nimeni înăuntru. Am trecut prin toate camerele ajungând la dormitorul mare al părinţilor mei unde l–am găsit pe tata în pat cu Floarea, numai în gemete şi urlete animalice, dar fiind aşa de transportat în altă lume n–a simţit când eu am intrat. Ea m–a observat la un moment dat şi a strigat la tata cu disperare:

„Opreşte-te conaşule că domnişoara este aici"! Cred că tata nici n-a auzit-o şi a continuat agonia lui sexuală până şi-a eliberat hormonii cu un alt răcnet dezgustător, aruncându-se cu capul în pernă, iar Floarea a tras repede cearşaful peste ei.

Linda maestru

Pe moment eram să leşin de scârbă şi de durere fiindcă mi s-a limpezit mintea dintr-odată înţelegând tot ce se petrecuse în casa noastră de-a lungul anilor. S-a rupt ceva în mine ca şi cum fusesem spintecată de o secure şi aşteptam să-mi curgă sângele ca să-mi dau sfârşitul.

Atunci am avut o clipă viziunea mamei mele, care mă adorase şi din dragoste pentru mine a păstrat acest secret, ca şi căsătoria cu tata, pentru a mă proteja.

Am fugit speriată, ca o căprioară cu glonţul în inimă, la mătuşa mea favorită care locuia foarte aproape; simţeam nevoia să mă arunc în braţele cuiva şi să plâng până mi se vor usca lacrimile. Asta am şi făcut sub iubirea necondiţionată a mătuşii Tincuţa, care îmi fusese şi naşă de botez şi care încerca să mă liniştească cu vorbe bune şi promisiunea că-mi va dezvălui multe taine despre tata şi ruşinea din familia mea despre care vuia tot oraşul, numai că eu nu ştiam.

Culmea era că tanti Tincuţa era măritată cu fratele tatii, dar nu putuse accepta năravurile lui şi-l condamnase *tot timpul fiind în dispute aprige cu el, deși mie nu–mi spusese nimic. Cred că a așteptat ca împrejurările să mă pună în fața faptului împlinit ca să deschidă subiectul care o măcinase de atâția amar de ani.*"

– Draga mamii, spuse tanti Tincuța, eu cred că tai-că–tu a început idila cu *mătrăguna* asta slută, adusă să–ți ducă de grijă, destul de curând după venirea ei la voi în casă. Mama ta, care fusese o mare doamnă, n–a bănuit nimic o vreme, că nu puteai crede că un bărbat normal poate schimba o femeie nobilă și frumoasă cu o fată așa de urâtă, simplă, neșcolită și fără niciun haz de vreun fel. A pățit însă ceea ce ai pățit și tu: plecase în grabă la școală, dar s–a întors repede din drum că uitase niște materiale didactice și atunci i–a găsit în pat cum i–ai găsit tu, dar o vreme nu ne–a spus nimănui din mândrie și de rușine.

A crezut că poate a fost un accident, o rătăcire de moment și se va încheia povestea, dar n–a fost așa. A tri-mis–o acasă la ea pe Floarea, însă tatăl tău s–a dus în sat și a adus–o înapoi.

Din acel moment mama ta a început să se ofilească, să slăbească, a făcut cancerul acela blestemat care a pus–o în pământ, cu toate tratamentele făcute și grija familiei care i–a fost alături.

Cât ea s–a aflat prin spitale la Iași și apoi la București amorezii erau tocmai bine singuri acasă și liberi să se iubească când și cât doreau.

Atunci m–am apucat eu să investighez, fără a spune nimănui, cine este această Floarea și am aflat că era ne-poata cele mai vestite vrăjitoare din Moldova, care lega și dezlega căsătoriile fără greș.

Sunt convinsă că Floarea a beneficiat de toate cunoș-tințele de magie neagră ale mătușii ei și le–a folosit din plin să–l țină pe taică–tu legat fedeleș de fusta ei și s–o elimine pe mama ta.

La un moment dat, vorbind cu mama ta, mi–a spus că găsise mercur într–o farfurie cu ciulama de pasăre făcută numai pentru ea și când a întrebat–o pe *mătrăgună* ce este asta i s–a răspuns că a spart din greșeală termometrul tău și poate a scăpat câteva picături în mâncare.

La intrarea în casă a găsit de câteva ori păpuși de cârpă purtând un ac mare înfipt în ele cu lumânări de ceară legate cruciș și arse pe jumătate, ceea ce în tehnica vrăjitoarelor înseamnă moartea persoanei la ușa căreia au fost lăsate.

Acela a fost pentru mine primul semnal de alarmă!

Tu ești prea tânără să înțelegi, dar să știi că puterea vrăjilor venite de la cineva care are priceperea, talentul și posedă tehnica de a manipula duce la rezultatul dorit. Magia neagră a fost și este folosită până la cele mai înalte nivele pentru a influența deciziile și faptele multor oameni importanți, dar asta se ține secret. Am avut aici un preot vestit care a fost nevoit să plece din cauza vrăjitoarelor. El nu credea în puterea lor, dar într–o zi s–a dus la el o vrăjitoare să–i spună că nu este loc pentru ei doi și că ea nu mai putea face bani din cauza duhului sfânt al său.

Preotul i–a răspuns să–și vadă de treabă că el nu–și pierde timpul cu asemenea baliverne, Dumnezeu fiind cel mai puternic „vrăjitor" pe care el îl va sluji cu credință până la moarte.

„Vom vedea noi cine este mai tare", i–a spus vrăjitoarea, Diavolul meu, sau Dumnezeul tău și a plecat.

După câteva luni el a fost cel care a fost nevoit să plece din zona asta ca să fie cât mai departe de influențele energiilor negative cu care acționa vrăjitoarea prin magia ei neagră.

Moșmoanele făcute de vrăjitoare au reușit sa–l alunge din biserica unde slujea de patruzeci de ani și mi–a mărturisit cum a fost înlăturat numai cu aceste ritualuri necunoscute nouă.

L–am pus pe unchiul Victor să vorbească cu tatăl tău, în calitate de frate mai mare, dar el a reacționat de parcă era drogat refuzând să asculte măcar, dar să mai ia și atitudine. Trebuia să–l vezi cum făcea exact ceea ce dorea sluta și analfabeta lui ibovnică.

Noi toți asistam încremeniți la ceea ce se petrecuse cu acest om. Pentru mine era clar că se afla sub acțiunea vrăjilor pe care le tot reînnoia mătușa Floarei.

Pe de altă parte *mătrăguna* se lăudase prin satul ei că domnul profesor nu se va putea despărți de ea niciodată fiindcă ea îi făcea ceea ce nu–i putea face nimeni(?), iar el îi spusese că posedă o conformație nativă neobișnuită a genitalelor ei cu care îl înnebunise pe *conașul*.

Asta îi declarase ei tatăl tău în momentele lor intime numind și fenomenul în limba franceză, însă dobitoaca, care nu știa nici românește bine, nu putea rosti cuvântul magic consacrat calităților ei de mare ibovnică.

Eu mi–am amintit atunci de vorbele unui mare profesor care ne spusese cândva că **nu pot face zece femei deștepte cu capul, ceea ce face una proastă cu dosul.**

A mai trecut un timp și m–a chemat Doina la ea ca s–o văd pe fosta ei doică Floarea care venise cu tatăl ei la București, la fel de impenetrabil, chiar antipatic și care m–a întâmpinat rece. Parcă era certat cu toată lumea!

Când am intrat pe ușă am rămas „cu ochii în soare", *orbită* de arătarea din fața mea: o fată slută cu o broboadă țărănească trasă pe cap, inodor–incoloră, cu o bluză și o fustă urâte stând agățate pe ea precum pe o sperietoare de ciori, neavând nicio formă feminină. Oribilă!

Am căutat din ochi să găsesc ceva care să mă facă să înțeleg ce a putut găsi la ea acest bătrân smintit și ridicol.

Hidoșenia relației lor m–a intrigat cu atât mai mult cu cât o știam pe mama Doinei, cu care ea semăna bine; fusese o femeie frumoasă și foarte apetisantă.

Au trecut mulți ani de atunci, am mai auzit multe situații penibile, mulți oameni căutându–și perechea prin lume, dar niciodată n–a mai văzut o asemenea nepotrivire de vârstă, clasă socială, cultură, statură, în care cineva să se izoleze atâția zeci de ani, ruinând sufletul unei soții superbe, al fiicei lui, al rudelor, înfruntând societatea în care nu putea ieși cu *foanfa*, stindard al promiscuității lui sexuale.

Putea să se fi culcat cu o capră c–ar fi fost cam același lucru și–apoi nu trebuia s–o mai și scoată în lume; l–ar fi lătrat câinii, dar ar fi rămas cu taina lui ascunsă sub șoproanele cu fân unde s–ar fi putut tăvăli în voie, fără să se mai facă de rușine.

Ursul păcălit de vulpe

După ce am ajuns în America m—au dus drumurile către nordul Manhattan—ului unde am luat prima slujbă. Într—o zi am zărit pe stradă o persoană ce mi s—a părut cunoscută și m—am apropiat de dânsa; ca să întâlnești în zona New York—ului pe cineva știut de zeci de ani, era un incident fericit, mai ales că doamna fusese o pictoriță și graficiană de renume în Bucureștiul tinereții mele. M—am apropiat prudent și am întrebat:

— Iertați—mă, cumva doamna Corado?

— Da, eu sunt, răspunse dânsa surprinsă, dar cam peste umăr și puțin arogantă, ne știm de undeva?

— Da, eu vă știu bine, ne—am cunoscut la pictorul Țugui la Brăila, iar mai târziu la București în atelierul pictorului Murariu. Am fost colegă de școală și prietenă cu scenografa Ilinca și ne—am mai întâlnit și pe la ea. Evident că anii au trecut, timpul m—a schimbat mult și nu mai semăn cu cea care eram înainte.

— Să nu mai vorbim de cât ne—a schimbat pe toți timpul și evenimentele, spuse dânsa.

Ea era încă o femeie frumoasă de statură medie, cu aceiași ochi fascinanți de culoarea pietrei semiprețioase a „ochiului de tigru", plină de bun gust, iar costumul roșu—tern pe care îl purta o făcea cu vreo cincisprezece ani mai tânără.

– Sunt foarte încântată să vă regăsesc în acest loc complet necunoscut mie, locuiți pe aproape, am întrebat eu din nou.

– Da, locuiesc la câteva mile de aici și puteți găsi telefonul meu în cartea de Westchester dacă doriți să mă sunați, spuse dânsa grăbindu–se către intrarea în magazinul *Syms* fiind însoțită de o alta doamnă.

– Sigur am să vă caut fiindcă mă simt tare izolată în aceste locuri unde de–abia m–am mutat găsindu–mi primul serviciu aici.

Am sunat–o în primul meu weekend fiindcă îi păstrasem o amintire deosebit de frumoasă; o admirasem în trecut pentru talentul ei remarcabil, îi văzusem expozițiile, iar amintirile mă trimiteau înapoi în timp cu peste treizeci și ceva de ani de când o știam.

Am decis să ne vedem și am plecat spre locuința ei, destul de aproape de mine.

A fost extrem de amabilă, m–a primit cu curtoazia omului de lume și ne–am așezat la povești începând cu timpul când o întâlnisem prima oară la Brăila. Una dintre pisicile ei m–a cercetat curioasă, apoi mi s–a așezat în brațe spălându–mă drăgăstos pe mâini, acceptându–mă ca pe cineva de–al casei, ceea ce mi–a făcut mare plăcere.

Delia Corado venise în America cu vreo patru ani înaintea mea și avea să–mi povestească dramatice întâmplări.

– Am ajuns aici urmându–l pe soțul meu Vadim, dar a durat mai mult de trei ani până mi–a dat drumul securitatea română. El a scăpat cu șansa de a fi fost trimis la o conferință internațională de unde a plecat în America. Nu mi–a spus o vorbă despre fuga lui, poate nici nu i–a venit ideea până nu s–a văzut dincolo de cortina de fier.

La acel timp eu eram în culmea gloriei profesionale, fusesem peste hotare de câteva ori şi nici prin gând nu mi–ar fi trecut vreodată să rămân în afara ţării, fiindcă artiştii de orice fel erau muritori de foame peste tot, acceptând munci extrem de josnice pentru a supravieţui.

Întâlnisem în Danemarca câţiva români care regretau că au făcut greşeala de a rămâne acolo.

Avem o fată, iar Vadim a luptat să ne aducă cu orice preţ lângă el, nu ştiu cât de mult pe mine la acel timp, dar pe ea o dorea cu orice preţ. Mă gândesc acum că eu am fost cumva *bagajul nedorit* fiindcă relaţiile dintre noi se cam deterioraseră după naşterea copilului, când eu fusesem destul de bolnavă pentru un timp, iar el cred că mă înşela chiar cu colege de–ale mele, dar n–am vrut ştiu.

Primeam de la el sute de scrisori disperate din America spunând că ne aşteaptă şi va face totul să fim împreună. Mama mea, care era încă în viaţă, nu crezuse niciodată în el şi mă făcuse atentă să nu mă arunc în această căsătorie, simţind că fusese un căutător de *„nevastă celebră"* şi un tip sanguin nestăpânit, cu reacţii greu de anticipat.

Este mai tânăr decât mine cu câţiva ani, iar mama îmi amintea mereu că el va pleca într–o zi după o fustă mai tânără, iar eu voi rămâne la maturitate singură printre străini şi cu un copil de crescut. Nici n–am luat–o în seamă la acel timp şi chiar că n–aş fi plecat din România, însă m–am gândit numai la viitorul fetei. Am ajuns în America cu Ana care avea atunci aproape opt ani.

Vadim ne–a aşteptat la aeroport, ne–a dus acasă, eu eram emoţionată şi buimacă după atâtea ore de zbor, dar am simţit că el era absent, iar noi nu prea părea a mai face parte din viaţa lui.

Lucra în domeniul informatic, venea acasă la ore extrem de târzii, părea mereu agitat și foarte nervos, nimic nu–i cădea bine, începuse să mă insulte grosolan fără motive și în scurt timp am aflat că în viața lui exista o femeie cu douăzeci și patru de ani mai tânără decât mine, dar n–am bănuit cine putea fi *amanteza:* Fiica unei foste colege de meserie pe care noi o știam de când era mică.

Dintr–odată mi–a venit în minte o scenă din vremea când această fată era un copil și fusesem invitați de mama ei ca s–o vedem la o serbare. Atunci Vadim mi–a spus: *„Fetița aceasta are o comportare foarte stranie pentru vârsta ei, are niște ochi de diavol și să–l ferească Dumnezeu pe cel care o va lua de nevastă!"*

M–am amuzat pe moment, i–am spus că n–o putea judeca fiind încă un copil și am uitat incidentul, însă el avusese probabil premoniția propriei lui drame.

Din cauza atmosferei imposibile ne–am separat, că el oricum nu mai venea pe acasă, eu am cerut divorțul și am început căutarea unei slujbe ca să am din ce trăi. Am găsit primul serviciu la un hotel unde lucram printre oameni de tot soiul, mi–era frică când îi vedeam furând de la cafea, șervețele, detergenți și săpunuri, până la cearșafuri și pleduri, dar trebuia să fac muncă de slujnică, ceea ce nu făcusem niciodată în viață, o făceam însă pentru copil.

Vadim îmi dădea mult prea puțini bani prin divorț, între timp se căsătorise cu *juna* și aștepta un copil, deci avea cheltuieli mari de acoperit. Locuia în Manhattan plătind o sumă exorbitantă pentru chiria unui apartament, fiindcă așa îi ceruse noua soție, iar sacrificiile se făceau acum pentru noua consoartă ce-i pretindea o viață foarte costisitoare pe măsura mofturilor ei.

Tânăra lui soție a mers la facultate, care trebuia plătită, apoi a făcut un doctorat, timp în care copilul era crescut de el împreună cu soacra lui și fosta mea colegă de meserie.

Cum pentru toate lucrurile există un preț, el plătea atunci prețul primei crize tipice a bărbatului la patruzeci de ani!

Am locuit în Queens-ul cu cele mai pestrițe straturi sociale românești, latino și restul lumii sărace aduse de soartă în aceste locuri. Ana suferea enorm că nu-l avea alături pe tata și-l întâlnea doar ocazional, ca pe un părinte de duminică, apăsarea că se afla printre copii străini, limba în curs de învățare și nedumerirea la tot ceea ce se petrecea în jurul ei.

Unde erau casa noastră plină de protipendada artistică în care mă învârteam la București, bunica ei cu surorile mele care o iubeau așa de mult, verii ei și apoi... prietenii ei de joacă?!

Eram amândouă precum două bărci naufragiate în bătaia valurilor, așteptând scufundarea pe care nu aveai cum s-o eviți; numai o minune ne-ar fi putut salva din oceanul învolburat al Americii necunoscute de noi. Am gândit atunci, ca și acum, că fiecare din noi trăiește aici într-o Americă a lui, care este foarte diferită de a celor din jur. Oamenii veniți pentru o speranță, sau pentru a–și salva viața, poartă în ei o *Americă numai a lor,* precum o broască țestoasă ce–și duce greoi casa în spinare, tărându–se printre nisipuri mișcătoare, cu frica că poate dispare la orice moment.

Eu, nu știam pe ce lume mă aflu fiindcă munca fizică mă storcea de energie și acționam ca un robot fără creier. Plecam când afară nu era încă lumină și ajungeam acasă mult după căderea serii. Așa ceva nu făcusem în viața mea și eu nu aveam rezistența fizică de a acoperi un asemenea volum de lucru. Nu aveam nicio legătură care să mă fi ajutat cu ceva, nu aveam o profesie care să–mi fi dat imediat o slujbă bună, nu știam încă bine limba, deci munca de jos era singurul mod de a–mi câștiga pâinea zilnică atât de amară.

A fost cumplit, iar dezrădăcinarea mea fost mai crudă decât a altora din cauza meseriei la care a trebuit să renunț pe veci, fără șanse de a mai avea vreodată de–a face cu arta.

Asta fusese ceea ce nu știusem eu din România și ceea ce mi–a scrijelit sufletul pe viață.

Grija Anei, nesiguranța zile de mâine, lipsa de bani, locuința noastră sărăcăcioasă, fără vreo rază de speranță în față, m–au copleșit și deprimat. Ajunsesem la gândul să mă sinucid aruncându–mă de pe vreun zgârie nori, dar nu am îndrăznit s–o distrug pe fată, având responsabilitatea ei, care nu era vinovată că Vadim ne părăsise.

Acesta fusese „cadoul" lui, care suferise în România de complexul că era tratat drept *„soțul soției sale";* parcă se răzbuna acum pe mine, având o meserie care îl ajutase să găsească aici un serviciu destul de bun, o nevastă cu mult mai tânără, apoi un alt copil, aproape că şi uitase de noi. *(gentile canaille)*

Viaţa mea intrase pe panta care mergea numai în jos, acolo unde mă aruncase crud soţul fără a avea măcar mustrări de conştiinţă sau a–şi aminti decât vag de existenţa noastră anterioară; numai a lui conta!

M–am gândit că transmutarea într–o altă ţară este asemănătoare cu escaladarea unui munte înalt şi necunoscut, iar când doi parteneri au decis să meargă pe acelaşi drum trebuie să se bizuie unul pe altul. Dacă îi prinde o avalanşă şi unul suferă un accident, celălalt este obligat de legea muntelui să facă totul pentru a–l salva.

Vadim ne părăsise când eu eram ca o infirmă şi cu un copil pe care trebuia să–l îngrijesc, protejez şi educ.

Acum m–am mutat cu serviciul aici, în *Westchester,* unde lumea este alta, dar viaţa este foarte scumpă fiindcă locuitorii sunt în majoritate milionari, vei vedea.

Fiind extrem de ocupată n–am mai văzut–o pe Delia un timp. Am reîntâlnit–o pe stradă într–o zi când întrebând–o ce mai face mi–a spus că s–a căsătorit.

– Tu, căsătorită, cum, când şi cu cine?

– Este şi aceasta o formă de existenţă, nu? Vino pe la mine vineri seară, când va fi acasă şi soţul meu pe care ai să–l cunoşti.

Am făcut–o şi am înţeles că Delia se căsătorie cu un intelectual de elită, fost profesor universitar în România, care s–a oferit să–i fie prieten şi suport şi care i–a dat şansa de a sta acasă, măcar pentru un timp. A fost generos şi nobil cu Ana, care trecea prin criza adolescenţilor, prieten bun cu noi, cele câteva amice ale Deliei, fiind foarte vibrant şi plin de humor pentru vârsta lui. Pentru mine era o plăcere să mă văd cu el de fiecare dată la serile noastre de șuete sau nenumăratele dispute culturale.

La momentul care Vadim a aflat că Delia s–a căsătorit devenise agitat căutând–o destul de des cu telefoanele, pretinzând de fiecare dată că are de vorbit cu fiica lui.

Interesant cum acest *Prințul al Răului* care avusese amnezii retrograde până atunci, s–a trezit dintr–odată că poate controla ca un despot viața celeia căreia i–a mutilat sufletul fără să–i pese.

Trecuseră mulți ani de la divorțul cu Delia, iar el era încă absorbit de mofturile tinerii lui neveste care îl executa ca pe hoții de cai făcându–și interesele întru do-bândirea diplomelor de care avea nevoie pentru a deveni complet independentă.

Plecau în Europa în fiecare an, unde o luau uneori și pe Ana, care povestea mamei la înapoiere cum cei doi soți nu se înțeleg de loc și cum *soața* tinerică îl chinuia pe Vadim făcându–i concediile de nesuportat.

După niște ani soțul Deliei, profesorul, s–a îmbolnăvit plecând în România, Ana a trebuit să meargă la colegiu, iar eu am părăsit New York–ul urmându–mi noua slujbă.

Vorbeam destul de des la telefon și astfel am aflat că profesorul, a făcut un cancer galopant și s–a prăpădit în România. Delia se mutase atunci în nordul statului New York unde–și urmase fata la studii, neputându–și permite să țină două locuințe. Era bolnava și ea, fusese suspectă de un cancer și trăia fiecare zi așa cum venea.

Eram foarte îngrijorată și o sunam mereu să aflu cum se simte.

— Stai jos să nu cazi aflând ce s–a întâmplat, îmi spu-ne ea într–o seară la telefon. M–am trezit cu Vadim care s–a ostenit să vină până aici, așa departe de Manhattan, împreună cu fetiţa lui cea mică (*fructul iubirii,* i–am spus eu).

– Cu ce ocazie, am întrebat–o eu, bănuind că–l arsese vreun interes.

– L–a părăsit *juna* nevastă plecând după unul mai tânăr, pe care l–a întâlnit aici, dar lăsându–i lui Vadim copilul în braţe cu menţiunea: „Tu l–ai vrut, tu să ai grija lui".

Copilul fusese gajul de schimb ca s–o întreţină la facultate şi doctorat, iar eu intuisem asta.

Exact când le–a terminat pe amândouă şi–a amintit că nu–i mai trebuie susţinătorul.

– Emoţionant şi a îndrăznit să–ţi plângă pe umăr ţie? Tocmai ţie? Câtă neruşinare pe unii bărbaţi, i–am răspuns eu, jubilând în sinea mea că a fost părăsit. Îşi primise plata!

– Da, mi–a mărturisit că a ştiut că va plăti pentru felul în care ne–a părăsit pe mine şi pe Ana. Mi–a spus că el a *fost precum ursul din poveste care şi–a pierdut coada fiind păcălit de vulpe!* Ar fi dorit să se întoarcă la mine, să reluăm viaţa dinainte, să, să, să...

– Ce vorbeşti, el te–a căutat să te impresioneze şi–a pus cenuşă–n cap ca să te convingă să–i creşti acum şi „*fructul iubirii"* lui, să te folosească, după ce s–a lepădat de tine şi Ana precum de o raniţă veche şi ruptă? Ai uitat cât ai suferit singură şi cum ţi–ai distrus sănătatea?

Unde era dânsul atunci? În plăceri!

Cum poate crede un bărbat că femeia care l–a iubit este o jucărie pe care o aruncă undeva pe un raft când s–a plictisit, apoi o caută în altele pe tot mapamondul, iar când nu a găsit–o se întoarce la locul ştiut să–şi ia păpuşa prăfuită, încercând să reînceapă jocul ca şi când nimic nu s–a întâmplat!

– Adevărul este că între noi exista o comunicare pe care nici el şi nici eu nu am mai aflat–o. Erau legături puternice care au fost rupte din cauza instinctelor lui masculine de a–şi căuta mereu noul, iar însingurarea pe timpul aşteptării noastre, l–a făcut vulnerabil la asaltul tinerii noastre cunoştinţe. Să ştii că mama ei şi fosta mea colegă mi s–a scuzat de

Volaverunt

multe ori pentru ceea ce se întâmplase, cunoscându–şi bine fiica ei, crudă ca o hienă.

– Scuteşte–mă te rog cu „comunicarea", nu–i mai căuta scuze, să nu te aud că te laşi fermecată de trecut! Nu cred în el nicio clipă, este la ananghie şi caută soluţiile dintre care tu erai cea mai la îndemână şi cea mai uşor de obţinut, crezând că–i vei cădea imediat în braţe prinzându–te în capcana lui!

Nu vreau să te văd călcată în picioare din nou, acum eşti mai în vârstă decât erai atunci când ai venit, el îşi va aminti asta şi va căuta din nou o altă porţie de *carne proaspătă* aflându–se la cea de a doua criză a bărbatului înainte de andropauză.

Dacă trăieşte numai prin instinctele primare va face mereu la fel!

Mi—am amintit poza lui de pe scrinul Deliei din care mă privea un chip dezagreabil, chiar urât şi rău. Nu l—am întâlnit niciodată, dar nici n—aş fi dorit.

Am fost invitată la o familie din oraşul unde mă mutasem şi unde am întâlnit pe mama unui profesor de matematici care trăise înainte la Paris. Din discuţiile lor aud menţionat numele Deliei, mai exact comentau ceva despre *domnişoara Raluca,* care se măritase cu fostul soţ al doamnei Corado. Am ciulit urechile fără a spune că Delia mi—este prietenă şi încerc să aflu mai mult despre această Raluca.

— Vai dragă, spuse mama Zina, era o neisprăvită, o cocotă care venise la Paris şi căuta cu disperare să pună gheara pe un bărbat care s—o întreţină. *(Aha,* mi—am zis eu!)

Era frumuşică, îmbrăcată ostentativ ca să atragă atenţia şi m—am temut să nu—l înhaţe pe băiatul meu cel mic care era neînsurat atunci, a continuat doamna.

Cred că s—a culcat cu toţi românii din Paris, după care s—a aruncat la băiatul meu cel mic; în acelaşi timp s—a culcat şi cu vărul lui din Anglia, aşa încât aceştia doi nu şi—au mai vorbit niciodată şi le—a stricat pe viaţă relaţia lor aproape frăţească.

Oricum ar fi fost eu am fost fericită când am aflat că şi—a găsit un prost să—l îmbrobodească şi am scăpat de ea plecând la New York unde avea părinţii. Am aflat ulterior că cel cu care s—a căsătorit fusese soţul distinsei doamne Corado şi m—am gândit cum o fi putut acel bărbat să lase o femeie aşa de valoroasă şi frumoasă pentru o depravată rapace şi fără scrupule numai fiindcă era mai tânără şi i—a fost la îndemână.

Am înghiţit în sec zâmbind şi am tăcut, dar am gândit şi eu in sinea mea cum a putut Vadim s—o întreţină pe *soața* cea tânără să facă o facultate și doctorat, în timp ce primului său copil i–a lăsat șansa să se zbată singur pentru a–și face un rost; afecțiune selectivă?

Hector ca holgar.

Această Raluca fusese cu adevărat o vulpe parșivă care l–a păcălit magistral pe ursul Vadim, dar a distrus și câteva alte vieți, inclusiv a propriei sale fete. Aflând că mai târziu Raluca a fost părăsită și ea la rândul ei de amantul după care plecase, m–am gândit cum totul se plătește în viață exact cu aceiași monedă.

Au trecut anii și Ana și–a terminat studiile cu brio fără ajutorul tatălui, care le tot invita din când în când la masă pe ea și pe Delia, pentru diverse sărbători, dar se plângea constant că nu are bani. Era strâmtorat de costul crescând al vieții din Manhattan, al îngrijirii fetei lui mai mici și chiar al domniei sale. Găsise însă soluții pentru el și fiica cea mică, mai puțin pentru Ana, deși era tot a lui.

Picta în timpul liber, a făcut vreo două expoziții la care a cerut sugestii și ajutorul Deliei la aranjare, iar tablourile rămase i le plasa generos ei.

Se dorea acum prieten al casei cu aerul tatălui mândru de Ana, care–i semăna foarte bine, dar fusese educată, cizelată cu măiestrie, răbdare și tact de către Delia care nu i–a rostit o șoaptă urâtă despre tatăl ei, suferind ca un martir.

Cât de greu se creşte un pui de om numai o mamă ştie!

Când am mers ultima oară la New York am văzut la Delia pe masă o carte primită de curând de la Vadim, pe care era scrisă dedicaţia: *„Deliei, cea mai iubită. Vadim"*

Să mori şi alta nu!

A mers Vadim şi la nunta Anei însoţit numai de cealaltă fiică, fără vreo manichiuristă, coafeză, sau altă *„gagică"* de *Ridgewood,* cu care se întreţinea pentru relaţiile lui biologice despre care–i povestea fără ruşine Deliei ca şi cum ar fi fost o rudă îndepărtată sau un prieten oarecare de taifas. Sexul şi uneori pictura fusese unicele moduri de relaxare când nu se afla la computer.

Nicio umbră de regret sau mustrări de conştiinţă pentru ceea ce făcuse, iar comportarea lui dezinvoltă de parcă nimic nu s–ar fi întâmplat, a scos la iveală câţi demoni poate ascunde în el un om şi ce faţete poleite poate arăta lumii!

Delia s–a retras cu demnitate în înalta ei spiritualitate care a ţinut–o în viaţă, trăind intens prin evenimentele culturale abundând în zona New York–ului, printre prieteni şi cu satisfacţia că Ana ajunsese un om împlinit, pe picioarele ei, având o profesie foarte bună şi o căsătorie reuşită. Despre Vadim vorbea fără nicio tresărire, precum despre un cunoscut oarecare de care îţi aduci aminte cu greu; el fusese doar o greşeală din trecutul ei îngropat de mult în cenuşă.

De curând am aflat că domnul Vadim şi–a *refăcut viaţa* cu o tânără adusă din China pe care a pescuit–o pe internet. Fiind aproape de pensie va avea timp să mai înveţe şi chineza, limbă utilă poate în noua ordine mondială...

Dama fără camelii

Prin anii '75–'76, când autobuzele institutului ne luau în fiecare dimineață la slujbă, o duduie tânără și cam excentric îmbrăcată s–a așezat pe scaun lângă mine. A intrat prietenoasă în vorbă spunându–mi că s–a angajat de curând la noi și lucrează la bibliotecă.

M–a întrebat în ce secție lucrez, cine este șeful meu de colectiv, apoi diverse alte subiecte obișnuite de pierdut timpul de vreo patruzeci de minute până la destinație.

Mai toți dintre noi citeam pe timpul drumului spre institut, învățam cuvinte la engleză, alții rusa pregătindu–se pentru vreun doctorat la Dubna, franceza sau germana pentru CERN în Elveția, sau în Franța, reviste de specialitate sau cărți, iar cei mai normali dezlegau cuvinte încrucișate ca să le treacă drumul mai repede.

Ne–am reîntâlnit după aceea zilnic, ea luând în mașina după stația la care urcam eu, deci locuia în același cartier foarte aproape de mine și ne–am tot conversat de fiecare dată când se nimerea să găsească un loc liber lângă mine pe scaun.

Colegii mi–au spus că era soția unui fizician, ștab în devenire, nou venit în institutul nostru și cam asta era tot ceea ce știam despre ea. Într–o zi l–am zărit și pe soțul ei în mașină însă nu mă preocupa cine este, că nu prea dădeam eu multe parale pe cei care ocupau poziții importante în institut. La un sfârșit de săptămână tânăra doamnă, care îmi stătea alături în drumul spre institut, mi s—a adresat înainte de a coborî la stația ei:

– Am uitat să mă prezint, mă numesc Melania și tocmai intenționam să te invit la noi sâmbătă la o mică petrecere cu câțiva prieteni din elita culturală bucureș-teană; vin vreo doi–trei poeți, un scriitor fost coleg de liceu cu mine, un pictor foarte cunoscut, alt grafician, câțiva oameni de la Biblioteca Academiei, un doctor tânăr cu nevasta și... mai vedem noi.

Eu sunt nouă în institut și mi—ar face plăcere să primesc în vizită la serile mele literare oameni pe care—i simpatizez. Mi—a dat telefonul și adresa ei, dar pe moment nu i—am promis că voi merge, i—am răspuns politicos mulțumindu—i.

În timp a reînnoit invitația și în cele din urmă m—am dus. Revelația întâlnirii cu mulți oameni de adevărată cultură cu preocupări ardente despre tot ce se petrece în lume, minus politica, m—a atras și astfel am devenit mu-safirul obișnuit care, de nu mă duceam odată, mă chemau de acasă pentru întregirea grupului, unde, cu mici schim-bări, veneau mereu cam aceiași oameni.

Dezbăteam cu ardoare tot ce apăruse nou în litera-tura lumii, apoi ascultam poezii scrise de unii dintre cei invitați, unul dintre ei fiind de mare valoare.

Melania se afla atunci la un punct de tranziție în viața ei având nevoie de mulți prieteni în jurul ei și de o atmosferă proaspătă ca să treacă niște traume despre care am aflat cu mult mai târziu.

Fusese căsătorită cu un individ în curs de mare ascensiune în sistemul comunist al acelor ani, aveau un băiețel și primise cadou un apartament plătit de părinții ei, așa încât de la distanță părea a fi fost norocoasă pe toate planurile. Era licențiată în limba română, dar refuzase postul de profesor la țară fiindcă luase un post de bibliotecară prin relațiile soțului.

La timpul când s–au mutat în noul apartament cu soțul și copilul a întâlnit prin vecini un tânăr de optsprezece ani cu care, încet, încet au intrat în vorbă, apoi au început o prietenie care a condus mai târziu la o relație amoroasă. Cred că ea avea atunci în jur de treizeci de ani.

Vecinul Max, avea o infirmitate, o cocoașă destul de vizibilă care–l făcea să aibă complexe, nu s–a dus la facultate, nu se maturizase precum colegii lui de școală, iar tatăl său medic, era foarte afectat de acest lucru.

Când relația Melaniei cu Max s–a ambalat serios, doctorul o fi fost chiar mulțumit că fiul lui reușise să aibă o prietenă, mai ales că acest lucru apăruse în timp ce mama lui era bolnavă de cancer, iar mai târziu a și murit. Nimeni nu ar fi putut bănui că o nevinovată amiciție va duce la o pasiune cu complicații majore. Melania petrecea destul de mult timp cu Max, copilul ei fiind lăsat la părinți până la vârsta școlară, astfel că soțul ei a aflat. Acesta a încercat să o aducă la liman fără scandal, li s–a propus să fie trimiși la Viena ca să iasă din climatul creat, ei i s–a impus să renunțe la acea rătăcire și toate lucrurile ar fi fost așezate în matca lor.

Părinţii ei fuseseră devastaţi şi ei de cele întâmplate, încercând să o convingă să rupă relaţia cu Max, care, n–ar fi avut niciun viitor, dar nu au reuşit.

La momentul când eu am început să merg în casa lor, Melania se căsătorise deja cu Max, copilul începuse şcoala şi locuia cu noua familie, în care soţul nu–l putea înfia pe băiat fiind prea tânăr ca să–i fie tată adoptiv.

S–au scurs mulţi ani de seri literare, ajunuri de Crăciun, An nou, zile onomastice, înainte de a pleca eu din ţară. La petreceri ea făcea pe animatoarea dansând pe masă dansuri de cabaret încercând să creeze atmosferă, mese îmbelşugate cu ce mai aduceam noi şi băuturi alese, până a apărut din senin un oarecare individ din Germania, român de origine, cu care ea a început a cocheta chiar în faţa noastră şi mai ales a proaspătului soţ Max. Într–o seară cu multă lume avea nevoie de tacâmuri în plus şi o nişte platouri mari pentru servit la masă, când eu m–am oferit să i le împrumut, aşa că ea a decis să dea o fugă până la mine acasă să le aducă cu maşina neamţului.

I–am dat cheile apartamentului spunându–i unde să caute şi a dispărut pentru cam mult timp pentru cât de aproape erau casele noastre. Max rămăsese absent, cu ochii privind în gol foarte meditativ, însă eu tot n–am bănuit nimic, fiind „*în crătiţi*" ocupată la bucătărie să mai pregătesc câte ceva pentru musafiri, până la întoarcerea Melei.

Când au apărut, în fine, erau cam *transportaţi*, iar Max i–a privit sfredelindu–i drept în ochi. La plecarea mea ea m–a urmat până la uşa de la ieşire şoptindu–mi la ureche:

– Să ştii că ţi–am folosit patul, dar am lăsat totul în ordine; mulţumesc că m–ai înţeles!

Eu am căzut ca din pod, că nu–mi trecuse prin cap așa ceva înainte de a–mi spune ea, eram pe altă lume fiindcă în capul meu fusese clar că Melania lăsase un soț important și tatăl copilului, plus o situație bună, pentru un băiat mai tânăr fără niciun rost pe lume, din pură pasiune. O admirasem chiar pentru curajul de a înfrânge toate stavilele punându–și toată lumea împotriva ei numai *pentru dragoste*.

În seara aceea s–a aprins în capul meu un beculeț de alertă și m–am întristat. După un timp mi s–a confesat că este îndrăgostită de *neamț* (așa–i spuneam noi), că o umple de cadouri, sticle de wisky și țigări străine, că–i plimbă peste tot, că este nebună după el și că–i este foarte greu să ascundă asta lui Max.

– Și ce–ai de gând să faci cu Max? De ce te–ai mai măritat cu el dacă la așa scurt timp ai descoperit o altă pasiune? Ce vei face?

– O, am speranța că *neamțul* mă va lua cu el în Germania după ce termină cu afacerile în România și cu asta s–ar rezolva totul, îmi răspunse ea. Eu rămăsesem fără grai.

La scurt timp după aventura cu *neamțul* am înțeles că se mai aventurase și cu un pictor, bun prieten al casei, a cărui nevastă se afla mereu printre noi. Foarte curând m–a făcut să înțeleg că–i culcase și pe alți *prieteni ai casei*, deci și ai soțului ei cel tânăr.

Într–una din vizitele la ei am asistat la o ceartă urâtă în care ea îl insulta pe bietul Max cu vorbe greu de ascultat, referindu–se mai ales la infirmitatea lui:

– Cocoșatule, dobitocule, nu ești bun de nimic... neisprăvitule... să taci din gură...

Am simțit că mi se face rău, ca și când mă rănise pe mine!

Atunci am fugit pe uşă şi nu m—am mai dus la ei multă vreme. Nu—mi puteam scoate din minte acele cuvinte aruncate ca un acid sulfuric peste o rană deschisă. Unde era pasiunea, nu—l văzuse că era puţin infirm, nu ştiuse că era mai tânăr şi foarte fragil, un om neformat încă, foarte visător, fără profesie, atunci când l—a luat?

Simpatica noastră Melania, amfitrioană plăcută şi primitoare cu toată lumea şi—a arătat atunci partea umbrită a caracterului ei cu care... m—a decepţionat.

M—au mai invitat la nişte petreceri dar n—am mai avut timp pentru ei că—mi pregăteam plecarea din ţară şi eram mereu pe drumuri. Am mers să—mi iau rămas bun fără a le arăta ceva din ceea ce eu simţisem şi văzusem că se petrece în casa lor.

Mi—era milă de el, care era un romantic, scria poezii, foarte naiv şi blând, o iubise probabil ca orice băiat de optsprezece ani în relaţie cu o femeie de treizeci, ea îi fusese cumva reazim după ce şi—a pierdut mama, dar suferea acum la trezirea că ea nu era ceea ce el sperase.

Nu mai ştiam nimic despre ei de mulţi ani până când, după revoluţia din 1989, am primit o scrisoare de la Melania că se afla la Paris. A circulat scrisoarea aceea prin toată America până a ajuns la mine, eu schimbându—mi adresa de câteva ori de la prima veste ce—o trimisesem lor, cu ani în urmă. Am sunat—o la numărul dat, când plină de entuziasm mă invita insistent să merg neapărat la ea să ne vedem. Era adevărat că mai aveam destui cunoscuţi şi prieteni comuni la Paris care ajunseseră acolo de mulţi ani şi mi—aş fi dorit să—i văd, dar am avut cumva intuiţia a ceea ce s—a desfăşurat după ce am ajuns acolo. Ea m—a tot sunat de multe ori până când m—a convins să mă duc de sărbători că tot nu văzusem încă *oraşul lumină*.

Am găsit bilet la avion chiar pe 25 decembrie, ziua de Crăciun, cu prețul cel mai mic posibil, cu locuri la discreție și... la clasa întâia.

Melania m–a așteptat la aeroport cu Costi, fost coleg de institut cu mine și prieten cu ea din copilărie apoi m–au dus direct la ea acasă.

Blocul unde locuia se afla în arondismentul 16, foarte aproape de *Le Tour Eiffel*, unde familia unui doctor ocupa un apartament mare, iar ea primise o cămăruță extrem de mică în care abia aveai loc să te întorci și care fusese probabil spațiul rezervat servantei.

Melania avea grijă de doi băieți ai familiei făcând și puțin menaj, dar era mulțumită că are adăpost și bani de buzunar, după ce scăpase din vâltoarea revoluției și fugise de problemele ei cu Max.

Când am intrat în cămăruța ei s–a scuzat că era deranj fiindcă tocmai plecase balerinul care dormea la ea(?) un băiat de 25 ani și fiul unei prietene din București, trimis de mama să–i ducă de grijă. Nu era loc să doarmă un singur om în pat, dar mite al doilea, iar de la pat la peretele opus mai era cel mult un metru, doar un spațiu de trecere, deci dormeau împreună.

Am tresărit simțind rece pe spinare.

Costi, prieten vechi de grup, simțindu–mă, s–a oferit imediat să mă ia la el având trei dormitoare și fiind plecat la institut toată ziua, însă ea s–a opus cu îndârjire.

Mi–am descărcat geamantanele uriașe, pline cu lucruri aduse numai pentru ea, așa cum îmi ceruse și cum gândisem că trebuia să fi avut nevoie de îmbrăcăminte fugind din țară numai cu ce era pe ea. M–a luat la întrebări din prima seară despre banii pe care–i câștigam în

America, apoi a început să evalueze atent ceea ce–i aduse-sem generos, iar în cele din urmă să–mi povestească cum a ajuns la Paris.

N–o ştiusem aşa de rapace cu excepţia unui Crăciun făcut la ea când mă încasase aproape jumătate din salariul meu pe o lună; acum era ca o precupeaţă la calculat, cerut, văitat ca şi cum eu aveam datoria s–o finanţez, pe lângă ceea ce adusesem cu mine cărând ca un măgar, la gândul că biata fată nu avea nici ce mânca.

Îi oferisem prea mult şi ea a tradus că sunt bogată, nu că aş fi făcut sacrificii ca s–o ajut.

Păstra, ca toţi românii, aceiaşi falsă idee, că în America banii se fac uşor şi repede din nimic.

Cu această ocazie a trecut imediat la probleme prac-tice: să–l sponsorizez pe băiatul ei, care se afla fugit în Belgia *„să plece în America unde se trăieşte bine, că ba-nii vin oricum",* îmi spuse ea.

Înţelesesem atunci de ce insistase aşa de mult să vin la Paris ca să mă folosească pentru fiul ei care nu avea nicio meserie, se însurase, mai avea şi un copil trăind în Belgia pe ajutor de stat.

Adusul meu de haine, pantofi şi o mulţime de alte lu-cruri valoroase fusese doar un supliment.

Ne–am aşezat pe marginea patului strâmt ca s–o ascult pe Melania care a reînnodat firul evenimentelor petrecute în cei vreo şapte ani de când plecasem eu din ţară.

Menţinuse relaţia cu *neamţu'* care venea şi pleca din România, iar acasă l–a ţinut pe Max drept soţ exploa-tând–i slăbiciunile şi simţindu–se tare pe situaţie fiindcă „tati", adică tatăl lui, fugise în Germania şi ea îi rămăsese unicul lui om apropiat.

După revoluție a decis să fugă la Paris după ce a aflat că Max găsise o fată de vârsta lui să–i aline rănile și bănuia că ar aștepta chiar un copil de la ea.

Am îndrăznit atunci să–i spun ce gândesc despre căsnicia ei.

– Cum ai putut să–l înșeli de atâtea ori, nu te–ai gândit că va veni o zi în care va dori și el să aibă viața lui, dacă tu făcuseși relația cu *neamțu'* așa de publică și l–ai pus permanent în situații penibile cu amicii voștri comuni fără a–l respecta, ci agasându–l mereu cu vorbe grele și amenințări? Max este un om extrem de sensibil, este maleabil, dar nu putea rămâne la infinit doar o escortă pentru viața ta tumultuoasă.

– Poate că ai dreptate, dar vei afla acum un mare secret din viața mea: la momentul când eram în amor cu Max și–l părăsisem pe soțul meu, acesta mi–a înscenat o murdărie greu de povestit. Plecasem amândoi spre pădurea de la Ghimpați să ne plimbăm și să cumpărăm niște bere străină. Era după amiază, începuse a se însera când din senin au apărut o trupă de vlăjgani care au sărit pe noi, l–au bătut pe el până l–au desfigurat, iar pe mine m–au violat și bătut crunt în fața lui. Erau douăzeci și șapte! Se făcuse întuneric când ne–am ridicat amândoi demolați și speriați cum eram și am căutat să aflăm un autobuz spre oraș.

A fost îngrozitor cum nu–ți pot descrie, am ajuns acasă neștiind ce să facem, am mers a doua zi la spital, scos certificate, apoi am fost bolnavă o săptămână.

De la cel eveniment relația noastră nu a mai fost aceiași, dar am mers înainte că trebuia să mențin fațada pentru societate, părinți și copil.

Am căutat cu toate mijloacele să aflu detalii despre ceea ce se întâmplase, dar acum știu sigur că fostul meu soț plănuise să–mi dea o lecție, să mă distrugă; el era racolat la înalte rețele ale securității care folosea cele mai mârșave metode pentru a te compromite, iar la nevoie chiar a te ucide fără remușcări. S–a răzbunat pe mine că–l lăsasem și–i stricasem dosarul de plecat peste hotare. Am înțeles atunci că fusesem urmărită pas cu pas de oameni puși de el de când îl părăsisem.

Pe măsură ce a trecut timpul eu și Max ne–am agățat de cât mai mulți prieteni ca să ne vedem cu tot mai multă lume, să petrecem, să uităm, dar nu a fost simplu. La câte o furie m–am mai combinat cu câte cineva, dar când a apărut *neamțu'* mi–am dat seama că „ăsta era omul meu!"

– Bine măi fată dar nu te–ai gândit că *neamțu'* fusese trimis chiar de tatăl lui Max din Germania ca să aveți un om de legătură, cum ai putut să te lansezi într–o relație chiar cu el?

– Ce mai contează, spuse Melania, eu aș putut să mă culc și cu băiatul meu dacă era nevoie și dacă el ar fi fost complexat și nu a fi găsit o femeie să–l facă bărbat, trebuia ca cineva să–i inițieze în acest drum, nu?

Eu am fost în șoc! *Ar fi putut să se culce și cu băiatul ei???* O, Doamne, ce diavol zăcea în această femeie?

– Păi *neamțu'* nu era un adolescent pe care tu să–l inițiezi, ce–ți veni?

O clipă m–am blocat și n–am mai putut judeca. Mintea mea plecase din acel loc și aveam impresia că stau lângă o femeie bolnavă fără leac, pe care nu o știusem înainte.

Atunci am tradus că așa începuse relația ei cu Max pe care „*îl inițiase*", apoi la fel cu balerinul.

Nu, aceasta nu putea fi Melania, prietena noastră cu seratele ei literare, cu mesele întinse în jurul cărora ne adunam mulți oameni setoși de cultură cu atâta plăcere ca să dezbatem tot ceea ce era mai nou în lume, să ascultăm muzică, să dansăm, să râdem, să povestim.

Ne–am culcat într–un târziu înghesuite în patul acela de copil în care un singur adult de–abia ar fi avut loc, iar eu mi–am propus să stau o zi sau două la ea, locuind chiar în centrul orașului, apoi să mă mut la un hotel. Tânărul balerin a sunat-o, dar ea i–a dat liber pentru un timp; eu mă simțeam foarte prost pentru situația creată, că nimerisem cum era mai rău, crezând că sunt dorită în timp ce ea avusese în minte alte planuri.

Până la urmă mi–a explicat că se culcase și cu tânărul, apoi... în timpul cât nu lucrează la doctorul unde locuia, se ducea pe stradă la întâlnit ceva arabi care sunt foarte nobili, o tratează ca pe o prințesă, îi cumpără cadouri scumpe și–i dau mulți bani. Atunci am decis să dispar urgent.

L–am sunat disperată pe Costi care m–a mutat la el și mi–a făcut un plan de cum și unde să merg ca să câștig cât mai mult de văzut în timpul meu de stat la Paris. Miam văzut de drumurile mele prin expoziții, am mâncat în oraș, am colindat cu piciorul ca să pot vedea cât mai multe locuri de cultură.

Melania făcuse sarmale pentru Crăciun și ne–a invitat la ea, unde mai chemase pe un român venit din America, dar nu mi–a mai trebuit nimic; Costi a făcut o masă mare pentru noi câțiva foști colegi și prieteni de pe vremurile bune din țară, apoi tocmai veniseră alți doi foști colegi fizicieni din USA, deci ne–am strâns cu mare drag la șuete lungi până dimineața. Trecuse Crăciunul.

După plecarea musafirilor, discutând cu Costi despre meseriile noastre l–am întrebat dacă primise un Curriculum Vitae trimis de mine la Mela pentru a fi dat la institutul unde lucra el.

– Nu, nu mi–a spus și nu mi–a dat nimic!

Mi s–a ridicat sângele la tâmple a propos de cum Mela nu i–a dat hârtiile mele din gelozie știind că dorisem să le vadă Costi pentru aranjarea unui schimb de experiență la institutul lui.

– Tu ai văzut cu ce se ocupă Mela când nu lucrează pentru doctor, l–am întrebat eu.

–O, da, chiar m–am gândit să discutăm ce putem face pentru ea că va ajunge să se îmbolnăveasca de AIDS la cum pleacă să agațe arabii pe stradă și cum se culcă cu cine se nimerește.

– Tu ai știut că ar fi avut asemenea metehne când eram în țară?

– Nu, n–am știut, dar prostituția poate răbufni în cineva la orice timp, nu cred că există reguli în a–ți pune poalele–n cap, spuse Costi dezgustat și cinic.

– Înseamnă că de aceea bietul Max și–a găsit pe altcineva să–i fie alături... iar ea îl bârfește la toată lumea făcând pe victima.

– Dacă ar fi rămas măcar lângă *neamțu'* mă gândesc că poate s–ar fi adunat de pe drumuri, dar omul se află acum la pușcărie în Germania, continuă Costi.

– Cum la pușcărie, de ce?

– Nu știu eu exact de ce, însă el este un escroc prin esență, care a trăit numai din afaceri murdare, este cert! Mela a fost să–l vadă la închisoare în Germania, spunân-

du—mi că îl iubește și dacă—și termină pedeapsa, va rămâ-
ne cu el.

— Fii serios, adică cum, până atunci mai face un ban
din prostituție și după aceea devine „femeie de casă"
pentru *neamț*, tu ai timp să crezi?

— Eu, care o știu de când eram copii, am datoria s—o
mai trezesc la realitate, dar greu te—nțelegi cu ea. Când a
fugit din România am primit—o la mine unde a stat vreo
șase luni, că n—avea unde și nu a costat—o un cent. Am
ajutat—o atunci, dar când eu am fost operat nu a venit
odată să mă vadă, a dat câteva telefoane și cam atât.

În calitate de vechi prieten am vrut să—i fiu de folos
însă m—am cam lăsat de binefaceri de când am văzut că
nu știe pe ce lume se află la aproape cincizeci de ani. Omul
face prostii, dar se mai și trezește.

Dacă i—am amintit despre preocupările ei neortodo-
xe mi—a spus că ea se identifică cu Dama cu Camelii, iar
când este tristă ascultă *Traviata* și plânge ore în șir.

— Poate *Dama fără camelii*, vrea să spună, nu? Ar fi o
versiune nouă, cu mult mai tragică. N—ar fi mult mai ușor
să renunțe la patima de a agăța bărbații la drumul mare,
decât să plângă?

— Hai s—o lăsăm pe coana Mela și să facem împreună
un tur la Louvre ca să—ți arăt piramida de sticlă ce au con-
struit—o în fața intrării, îmi spuse Costi cu mintea aiurea.
La vârsta asta nu le mai poți spune oamenilor ce este bine
să facă și ce nu, mai ales că ea este ceva mai mare decât
mine. Cu o ieșire la muzeu ne mai spălăm ochii de mize-
riile umane, hai!

Undeva, în Australia

Victor reuşise să plece în Danemarca cu o bursă de doctorat arătând un fals ataşament faţă de partidul comunist, însă noi ne—am bucurat pentru el fiind un foarte bun fizician şi coleg. La timpul acela n—ai fi putut căpăta o plecare peste hotare dacă nu erai căsătorit cu copil şi nu te implicai serios în politică, plus să fi avut pe cineva la locul potrivit să te susţină pentru bursă.

Eram aceiaşi generaţie, lucra în alt grup decât al nostru, dar ne întâlneam deseori la seminariile de la reactor şi ciclotron, sau în maşina botezată *rumbatron*, la cantina numită *ciorbatron* prin asociere cu ceilalţi acceleratori de particule din campus. După ce a plecat n—am mai auzit de el o vreme. Nu s—a mai întors, iar un fost coleg al lui de facultate ne—a spus că după terminarea doctoratului plecase în Australia.

Înainte de a părăsi România am cerut fostului său coleg adresa lui, gândind că poate îl voi căuta, aşa cum am făcut cu alţi prieteni ai mei din copilărie: greci, armeni şi evrei care au putut plecat din ţară după anii 50.

I—am scris prin 1984, după ce m—am liniştit cu instalarea la New York, prin şi mi—a răspuns, dându—mi o mulţime de sfaturi bune şi spunându—mi că va veni în State când va avea lucrări în Canada fiindcă o rudă a lui locuia chiar în zona unde aveam eu serviciul la acel timp.

M–a sunat într–o zi la compania unde lucram să mă anunțe că se afla în Canada și va veni la New York sperând să ne întâlnim. Cred că era în primăvara lui 1986.

Am fost emoționată fiindcă trecuseră aproape douăzeci de ani de când nu ne mai văzusem, iar el făcea parte din tinerețea mea consumată cu entuziasm de copil naiv în laboratoarele de cercetare, unde avusesem o atmosferă unică de prietenie și colaborare cinstită, cum n–am mai avut niciodată în viață. Eram toți de vârste apropiate, eram înaripați de vise comune, învățam unii de la alții lucrând în adevărat spirit de echipă, fără invidii, fără mizerii umane și intrigi aflate mai târziu în jungla marilor companii.

L–am așteptat la trenul de Manhattan cu teama că nu ne vom mai recunoaște și l–am adus la mine, împreună cu un coleg al său britanic, cu care lucrau la același proiect din Canada. Mi–a cerut să merg și să le cumpăr bere Foster australiană, vin și vodcă în cantități apreciabile, apoi ne–am așezat la povești, timp în care eu am pus masa, iar colegul lui a băut câteva cutii uriașe de bere și a adormit. Erau destul de obosiți amândoi, dar eu cu Victor nu ne–am putut opri să nu ne povestim măcar câteva din aventurile trăite în atâția ani care au acoperit fețele noastre cu ceva riduri și ne–au adus destule fire de păr alb pe cap.

Dintr–odată ne–am scufundat amândoi în atmosfera unde lucrasem împreună și de unde păstram un noian de amintiri. Am enumerat colegii fugiți ce se aflau peste tot prin lume ca să scape de năpasta comunismului și ne–am bucurat de timpul trăit în institutul unde am crescut cu toții hrăniți cu știință adevărată și am învățat meserie.

A fost cu lacrimi lucind printre vorbe și aduceri aminte.

– Spune–mi ce s–a petrecut cu tine după ce ai plecat din Danemarca şi cum ai ajuns în Australia, am întrebat eu moartă de curiozitate să aflu, fiindcă fiecare fugar din lagărul comunist avea o poveste fascinantă de pus pe masă.

– Dacă vei avea răbdare o voi face, dar dacă mă vezi că adorm să nu te superi pe mine că mă simt foarte obosit.

– Nicio problemă, i–am spus eu, mă voi retrage în camera mea şi voi dormiţi cât vreţi aici în living–room. Le pusesem pe covorul din livingul meu imens două fotolii care se desfăceau în saltele confortabile de dormit şi le aranjasem acolo paturile pentru culcare.

Am aranjat la companie să iau câteva zile libere aşa că vom merge să vă arăt zona, apoi la muzee şi vom avea şi destul timp de vorbă, i–am spus eu.

James, colegul lui englez, nu ne înţelegea limba aşa că puteam să stăm de vorbă fără grijă, mai ales că deja plecase în visele lui.

– Păi, să încep cu începutul: am stat cam trei ani şi jumătate în Danemarca să termin doctoratul. Fiind acolo am chemat–o pe nevastă–mea în vizită şi i s–a dat drumul fiindcă lăsasem copilul în ţară. Cu ea şi chiar înainte de venirea ei, am ştiut că nu mai vreau să mă întorc în România, dar trebuia să plec cât mai departe de securiştii care ne urmăreau, deci să părăsesc Europa.

Contactele pe care le făcusem în timpul doctoratului erau la Melbourne unde se mai aflau câţiva români printre care şi Haraga, îţi mai aminteşti de el?

– Sigur, era mai mare decât noi, făcuse studiile în Uniunea Sovietică şi cred că era securist!

– Poate, dar *„se lepădase de Satana"*, de aceea a fugit aşa departe ca să fie greu de găsit. Să ştii că a murit, dar nu cunosc în ce circumstanţe.

– Ai reuşit să–ţi faci acolo prieteni, eşti mulţumit de viaţa ta acum, am continuat eu, care venisem de mai puţini de doi ani în State şi mă străduiam cu greu să mă adaptez.

– Măi... aici ar fi multe de spus. Eu am dorit să plec din ţară în primul rând din cauza mamei mele, comunistă convinsă şi fanatică, care mi–a făcut viaţa imposibilă pentru că nu mă iubea de loc, ba dimpotrivă. Am suferit mult fiindcă în nebunia ei s–a dăruit numai regimului şi fratelui meu în asemenea măsură încât m–am întrebat dacă eu eram cu adevărat copilul ei. Toată copilăria am fost lipsit de afecţiune, de încurajări, de ajutor şi tratat ca un obiect nefolositor din casa noastră. Cum tata murise am avut o viaţă foarte grea şi mi–am dorit să nu se mai repete asta cu băiatul meu. Aşadar, am dorit să plec cât mai departe şi am făcut–o când s–a ivit ocazia.

Mama nu o plăcea nici pe nevastă–mea, nici pe copil, deşi era primul ei nepot. Cred că în afară de Partidul Comunist nu o interesa nimic pe lume; cu fratele meu se purta mai bine de teama că nu va avea cine s–o ajute la bătrâneţe, deşi el fusese leneş, egoist şi cu aceleaşi tare psihologice ca ea.

Eu am înţeles că numai făcând pe ataşatul de regim pot scăpa să ies din ţară şi am păstrat taina intenţiilor mele, până a venit la mine nevastă–mea.

În timp ce povestea, Victor bea bere continuu, după care a trecut la vin negru şi mai târziu la vodcă. Îl urmăream cum se îmbată şi cum îşi încetineşte vorbirea, dar îl ascultam lăsându–l să–şi descarce ceea ce îl rodea pe dinăuntru. A continuat:

În urma aplicaţiilor făcute după terminarea doctoratului am primit o ofertă bună în Australia şi astfel am început viața acolo. Eram foarte ocupat având dese deplasări prin țară; ah, trebuie să înțelegi ce înseamnă *„țară"*, parcurgeam uneori 15.000 până la 20.000 km distanțe pe terenuri aride, plate și cu drumuri aproape inexistente, ceea ce îmi lua mie și colegilor cu care lucram, săptămâni de călătorit.

De plictiseală, de oboseală și sete beam toți mult și constant, mai ales că berea australiană este vestită pentru gustul ei excelent.

Australia este un pământ fără capăt, este un fel de iad care se sfârșește numai la marginile continentului unde întâlnești oceanul limpede, cu ape nepoluate, și răcoritoare, dar până ajungi acolo te stoarce căldura, praful și pustiul din jur. Atunci am început să beau, dar și pentru a–mi ostoi durerea că relația mea cu soția era mereu mai proastă, devenea mereu mai străină, cocheta cu bărbații din jurul nostru și în mod special un englez urât și rău care se cam învârtea pe lângă ea.

În Australia am văzut obiceiul petrecerilor unde se practică sexul în comun, sunt frecvente căsniciile doar de formă în care el sau ea au aventuri multiple de care știu amândoi, dar eu nu mă abonasem la asemenea orgii și nu eram de loc un tip de stil nou cu concepții chiar așa de moderne în relațiile de familie. Crescusem fără tată, cu o mamă despotică care m–a urât și eram retras, poate chiar timid, foarte respectuos și îmi dorisem cu disperare o familie adevărată în care să mă simt iubit și să am suportul din care să–mi iau energia pentru a lucra.

Greșisem! Nevastă–mea dovedea cu fiecare zi cât de ușuratică este, cât de puțin o interesa familia, copilul și am avut toate semnele că începuse aventurile, la început camuflate, cu diverși printre care chiar colegi de–ai mei.

Un englez care era omniprezent, însurat și el cu copii, se afla mai mereu în preajma ei, până am înțeles că era gravidă, iar copilul nu avea cum să fie al meu. Am căutat un apartament și m–am mutat de acasă fără a scoate o vorbă, dar cu sufletul frânt.

Eu mă uitam acum la Victor care fusese un bărbat frumos, înalt, cu părul ondulat, fin și fermecător, deștept, răspândind numai bunătate din ochii lui de culoarea smaraldelor, care acum păreau rătăciți și parcă își pierduseră lumina sub o perdea groasă de ceață. Cum să–l fi înșelat o femeie, ba să mai lase și un copil de la altul fiind măritată cu el, când la vremea când lucram împreună era curtat și dorit de toate fetele din jurul său?

– Și ce–ai făcut după ce te–ai mutat de la nevastă, am întrebat eu ca să–l fac a–și continua destăinuirea. Intre timp el bea și iar bea fără oprire.

– Ei, atunci a început adevărata aventură. Mi–am căutat deplasări pe tot globul și am călătorit cât toți marinarii lumii fiindcă lucram în departamentul de fizica solului și aveam măsurători pe toate continentele. Șeful meu aflase ce se petrecuse în căsnicia mea și m–a încurajat să călătoresc ca să–mi spăl rănile și să mai uit.

Între timp soția mea a dat naștere *bastardului englez*, iar tatăl biologic se afla mai tot timpul pe lângă ea, deși păstrase aceiași relație cu nevasta lui cu care a rămas însurat.

Printr–o întâmplare fericită, după niște ani, am întâlnit o doctoriță ceva mai tânără decât mine cu care am început o relație frumoasă fiindcă mă acceptase așa cum eram, mă scosese din apatia zilelor mele fără vreo bucurie, nu mă lăsa să mai beau așa de mult, se înțelegea perfect cu băiatul meu când îl luam de la nevastă–mea să stea cu mine, aşa că ne—am mutat împreună. Pot spune că abia acum eram fericit cu adevărat şi mă simţeam liniştit, împlinit, datorită acestei femei deosebite care adusese soarele în viaţa mea întunecată ce semănase cu o fundătură de mahala murdară de care îmi fusese ruşine înainte.

Relaţia mea cu doctoriţa a durat mai mult de patru ani în care am trăit cea mai frumoasă perioadă din viaţa mea. Eram creativ, lucram mult fără să simt, aproape că uitasem că mai există pe lume acea femeie pe care o luasem de nevastă, până într—o zi, când m—am trezit cu ea la uşă.

A venit după mine fiindcă englezul şi—a văzut de viaţa lui întorcându—se la nevastă, deci nu o prea mai onora cu prezenţa, iar despre mine aflase că sunt fericit alături de o femeie de calitate care fusese gata să facă orice numai pentru a sta alături de mine, ignorând complicaţiile din viaţa mea.

Răutatea şi despotismul fostei mele neveste, mahalagismele şi proasta creştere, când şi—a pus *mâinile în şolduri şi poalele—n cap*, au venit să—mi otrăvească clipele, dar mai ales să—mi strice relaţia în care devenisem alt om şi prin care mă înălţam.

S—a repezit la prietena mea, a început s—o insulte, a acuzat—o că „*i—a stricat casa*"(!?), a ameninţat—o folosind toate armele de atac ca s—o îndepărteze de mine, umilind—o.

În ziua aceea aş fi vrut să dispar în lume ca să nu mai văd pe nimeni în faţa ochilor!

În toţi anii separării noastre ea a avut total influenţa asupra copiilor spunându—le ce—a vrut, îndoctrinându—i probabil împotriva mea şi cum *BB*—ul *(british bastard)* fusese declarat pe numele meu, eram tatăl lui din punct de vedere juridic. Când s–a născut *BB* eu eram pe undeva prin Japonia, plecat cu cercetările mele special ca să nu fiu acolo la eveniment.

Să trăiești pe un continent străin, numai printre britanicii reci și perfizi ca niște reptile care dețin supremația locului și să nu ai măcar un partener de viață care să–ți fie loial, este cumplit. Aproape că te întrebi ce rost mai are viața dacă propriul tău copil este tot mai distant fiindcă nu știe ce s–a întâmplat, de ce am plecat eu de acasă, dacă i s–o fi spus că tatăl a părăsit–o pe mama pentru o altă femeie, ceea ce era inexact. Eu nu puteam să–i explic fiind prea mic.

Atâta parșivenie odioasă, numai pentru că îmi devenise total indiferentă și eram fericit acum, însă vroia banii mei pentru existență, deci și copiii de partea ei.

Otrăvit de atâta durere m–am urcat în primul avion și am plecat în România, după care am făcut un tur prin Europa. Acasă am găsit pe fratele meu, alt dușman gelos pe mine că eu sunt în Australia, iar el suferă acolo, apoi pe mama gata să mă sfâșie urlând la mine că aș fi venit să–mi iau dreptul la jumătate din casă!? Am fost demontat de atâta prostie.

N–am avut cu cine vorbi, îți dai seama, m–am întâlnit cu câțiva dintre foștii colegi printre care și Ion, care îți dăduse adresa mea din Sidney și care mi–a spus că ai plecat în America.

Am părăsit România mai devreme decât planificasem fiindcă m–am simțit acolo mai străin decât oriunde și m–am descoperit purtând cu mine un suflet gol, altoit pe un trup de cârpă saturată cu alcool, plutind într–un vacuum.

Odată reîntors în Australia m—am apucat iar de muncă și băutură, mai mult decât înainte; mă mir cum mai sunt capabil să lucrez cu rezultate bune și aprecieri care nu—mi mai aduc nicio satisfacție. Funcționez ca un motor controlat de reflexe și gândesc mereu mai rar și mai puțin.

Mi—a spus Ion că vroiai să emigrezi în Australia; ce bine că n—ai făcut—o! Ai fi murit de izolare și primitivismul băștinașilor sau de răceala britanică care pune oamenii în tipare după culoarea pielii. *Period!* (vorbea când în engleză, când în română).

Poate ai fi găsit un partener care bea 20 cutii de Foster pe zi și tot singură erai.

Știi că în primii ani ne duceam la ocean și aveam grijă ca băiatul meu să nu stea prea mult la soare să se bronzeze, chiar dacă este blond, așa de mult ne temeam de rejecția englezilor rasiști.

Stai aici, în America, unde tot mai ai ceva de văzut și este mult mai potrivit pentru un european, comparând cu Australia sau Noua Zeelandă, care sunt doar imense ținuturi nepopulate care—și așteaptă emigranții la lucru.

Victor s—a oprit din povestit și mi—am dat seama că adormise. M—am furișat încetișor din cameră, închizând ușa și am plecat la culcare. Când am ieși am luat cu mine *relicvele* băuturii numărând vreo zece cutii goale de bere australiană, două sticle de vin negru chilian și una de 750 ml de vodca rusească *Stalichnaia*, consumate în câteva ore. Mi s—a făcut frică!

Pe la nouă, dimineața am auzit un ciocănit la ușa dormitorului meu. Era Victor.

— Te rog mult mergi și cumpără—mi urgent o sticlă mare de lapte bătut și niște castraveți acri, îmi spuse el cu clătinându—se și cu ochii tulburi. Arăta înfiorător!

Am sărit în maşină şi am adus cele dorite, am improvizat un mic dejun şi i–am invitat pe amândoi să mâncăm. Cum James dormise mai mult arăta ceva mai bine fiindcă nu apucase să bea atât de mult, însă Victor era o epavă care de–abia mai putea vorbi. Nu se putea ţine pe picioare, iar când s–a aşezat tremura din toate mădularele; a îndopat în grabă castraveţii muraţi peste care a băut laptele bătut împărţindu–l cu James, dar au mâncat foarte puţin.

Am plecat toţi trei în Manhattan să vizităm Muzeul de Arte Moderne unde Victor vroia să–i arate englezului salonul cu Brâncuşi. Am colindat toată ziua, ne–am oprit să mâncăm la un restaurant italian, unde ei au băut din nou. Când s–a făcut seară am luat trenul din *Grand Central* şi ajungând la staţia mea din nord au avut norocul că am condus numai eu până acasă, că nu văd cum ar fi putut ţine volanul vreunul din ei, poate volanul să–i fi ţinut pe ei.

Înainte de a ajunge acasă m–au rugat să opresc în drum să–şi cumpere din nou băutură, dar cantităţile încărcate în maşina mea puteau face faţă unei petreceri cu câţiva oameni.

L–a sunat verişoara lui care s–a invitat a doua zi la mine să–l întâlnească. Când a venit am asistat la o lungă discuţie despre viaţa lui şi m–am îngrozit prin câte trecuse, aproape că nu–l mai condamnam pentru că bea (ci pentru „*cât*" bea).

Am petrecut cu totul trei zile cu Victor şi colegul său, pe care i–am plimbat pe unde am putut mai bine, apoi i–am condus la aeroport unde a venit si vara lui şi am simţit că şansele de a ne mai revedea erau aproape inexistente. Când ne–am luat rămas bun era aşa de absent şi–i tremurau mâinile încât m–am întrebat dacă mai ştia cu cine vorbeşte sau nu.

Eu şi vara lui am plecat cu ochii în lacrimi şi ca să ne liniştim am intrat la o cafea bună într-un restaurant din aeroportul Kennedy. Fără să vorbim am avut amândouă acelaşi sentiment că Victor se distruge singur şi nu mai are mult de trăit, *nu mai vroia să trăiască.*

— Vezi tu draga mea, îmi spuse fata, splendoarea asta de băiat a fost aşa de nefericit toată viaţa şi nu merita. Mătuşa mea şi sora mamii a fost o înflăcărată comunistă căreia politica i-a spălat creierul şi s-a purtat cu copiii ei mai rău ca o nazistă. Victor a fost cel sensibil, în timp ce fratele lui a fost o lichea fără suflet, slab la şcoală şi leneş. Dacă şi căsnicia i-a adus numai decepţii a căutat să-şi ucidă emoţiile în alcool până s-a distrus.

Nevasta lui a fost o ţoapă de mahala, fără nobleţe, fără principii morale, care era în căutarea unui băiat naiv, l-a găsit şi apoi a urmat tot ce ştii.

Te rog să-i mai scrii sau să vorbeşti cu el dacă te sună, mi-a spus că vă cunoaşteţi de o viaţă şi are nevoie să-l mai asculte cineva.

Ne-am propus să ne mai vedem cu Lisa, ne-am întâlnit de două ori în Manhattan, punând la cale un plan pentru salvarea lui Victor, prin plecarea definitivă din Australia cu mutarea în Canada, unde ar fi putut avea imediat un job.

După ultima noastră întâlnire eu m-am mutat în New York şi căutând-o mai târziu la telefonul ştiut n-am mai găsit-o. De la Victor n-am mai primit nicio veste.

După vreo doi ani am primit de la Liza o scrisoare scurtă care a circulat ceva timp până m-a găsit: *„Victor ne-a părăsit, nu mai este".*

Scorpionul

Legenda:

Un scorpion stătea la marginea unui lac și nu știa cum să ajungă pe partea opusă a acestuia. La un moment dat a zărit o broscuță căreia i s–a adresat cu o voce mieroasă:

– Broscuțo dragă crezi că m–ai putea ajuta să trec lacul pe partea cealaltă? Eu nu știu să înot, dar de m–ai lua pe spatele tău aș putea să ajung dincolo, ce zici?

– Nu, nu am încredere în tine fiindcă ai putea să mă înțepi în timpul traversării lacului și mă poți ucide, spuse broscuța.

– Vai de mine, cum să te omor că aș muri și eu neștiind cum să înot deasupra apei!

S–a gândit broscuța ce s–a gândit și a socotit că el avea dreptate; viața lui depindea de ea, deci nu putea s–o atace că și–ar fi pierdut și el viața. L–a luat în spate pe scorpion și a pornit cu elan înotând să la ajungă malul opus.

În mijlocul lacului scorpionul a înțepat–o în ceafă, iar ea aproape paralizată, în agonie, i–a spus plângând:

– Știam eu ca așa se va întâmpla, ești un nemernic, dar uite, ca răsplată vei muri și tu odată cu mine!

– Broscuțo dragă, iartă–mă, crede–mă că n–am vrut să te ucid, dar ce să fac dacă ăsta mi–e caracterul!?

S—au întâlnit în lagărul de refugiați Traiskirschen din Austria. Dora fugise din România cu doi băieți după ea fiind trimisă de „curajosul" ei soț, un doctor care știuse să o manipuleze de când se însurase cu ea, la numai șaptesprezece ani, după ce l—a părăsit nevasta cu care avusese copiii.

Băiatul cel mic împlinise doar nouă luni când Dora s—a măritat cu el, iar copilul i l—a crescut cu devotamentul și dragostea unei adevărate mame.

Frumușică și delicată ca un bibelou cu alură de japoneză, foarte blândă și naivă își slujise cu credință soțul și cei doi copii ai lui, iar plecarea la Viena fusese aranjată tot de el, urmând ca după ce vor ajunge în America să—l aducă și pe dumnealui, curajosul, prin întregirea familiei.

Ștefan, prietenul meu din copilărie, ajunsese în același lagăr folosind alte aranjamente: lucrase la televiziunea română, trecuse granița în excursie și se așezase la Viena așteptând să fie luat în America prin sponsorizare de către sora lui și colega mea din școală.

A zărit—o pe Dora într—o zi și i s—au lipit ochii de ea. Cu precizia vânătorului experimentat a urmărit—o căutând să se apropie de cei doi băieți care o însoțeau ca să ajungă la ea. Așa s—au cunoscut.

Spre ghinionul ei băiatul cel mare al soțului încercase să sară la ea într—o noapte când, căutând protecția cuiva, a alergat disperată la Ștefan fiind singurul cunoscut printre cei care se aflau în lagăr. Acela a fost momentul ei de slăbiciune pe care Ștefan l—a folosit cu măiestria unui *scorpion* ce se afla și care—și țintise cu precizie prada.

Din lagăr s—a legat între ei o idilă care părea a deveni o relație foarte solidă.

Au ajuns amândoi la New York la timpi diferiți, iar Dora l–a căutat la sora lui așa cum conveniseră la despărțirea din Viena. Cei doi băieți veniți cu Dora au mers fiecare pe căile lor, cel mic fiind încă sub oblăduirea ei, în timp ce ea l–a evitat pe cel mare care devenise periculos în urma încercărilor nesăbuite de a comite un incest.

Ștefan s–a lăsat de meseria lui tehnică intrând în afaceri de făcut bijuterii cu un om foarte serios din Manhattan cu care s–a mutat apoi în Connecticut. Era foarte deștept și talentat în a face practic orice.

Relația lui cu Dora părea mereu mai strânsă, iar sora lui era fericită că are cine să–i ducă de grijă, să–i facă de mâncare și să–i fie companion de nădejde, ba chiar încurajase această relație pentru binele lui.

Ne vedeam frecvent cu plăcerea că merg la doi oameni primitori și calzi cu care simțeam că mi–am descoperit bucuriile copilăriei știindu–l pe Ștefan de când avea patru ani când locuisem pe aceiași stradă. Mi–erau dragi ca niște frați, iar cu Dora mă simțeam la fel de bine și nu–mi venea a crede că am avut norocul în izolarea emigrării să descopăr prieteni atât de buni. Săream uneori în mașină la șapte seara ca să fug douăzeci și șase de mile până la ei pentru o seară cu sarmale, sau chiar pentru o șuetă la un pahar de vin şi mă întorceam acasă la miez de noapte fericită că–i aveam relativ aproape.

Când m–am mutat la un alt apartament a venit Ştefan să–mi instaleze mocheta, apoi m–au ajutat de câte ori am avut nevoie cu orice probleme legate de maşină, reparaţii diverse la videorecorder sau televizor, el fiind extraordinar de talentat şi universal în a face orice ar fi fost nevoie.

Datorită relaţiei lor, care se consolida mereu mai bine, parcă tot aşteptam să fiu invitată la căsătorie într–o zi, mai ales că între timp murise „viteazul soţ" al Dorei, cu mult mai bătrân decât ea.

Cred că trecuseră mai mult de şapte ani de când erau împreună, relaţia lor mergea foarte bine, lucrau amândoi, îşi strângeau bani, se gospodăreau ca doi parteneri cu intenţii serioase de viitor, când într–o zi m–a sunt Dora speriată spunându–mi că i s–a descoperit un cancer la sân. Au urmat tratamentele, operaţia cu toate neplăcerile şi suferinţele, plus teama ei pentru ce va urma. Vorbeam cu ea în fiecare zi.

– Mă gândesc că am făcut acest cancer fiindcă la căsătoria mea cu doctorul, acesta mi–a spus că nu mai vrea copii şi mi–a făcut o chirurgie prin care mi–a legat trompele, după care nu am mai avut funcţii hormonale normale, iar acum plătesc preţul ignoranţei mele. Cum eram un copil de şaptesprezece ani şi nu ştiam nimic despre aceste lucruri, m–a mutilat după interesele lui, dar în detrimentul meu şi cred ca de aici mi s–au dereglat toate funcţiile care au declanşat cancerul.

Atunci soţul meu şi acum Ştefan m–au folosit cam la fel: unul să–i cresc copiii, iar celălalt să–l slugăresc atâta timp cât am fost sănătoasă; de când m–am îmbolnăvit nu mai pot fi de folos şi mă tem că am devenit un fel de balast pentru el.

În acele disperate zile de temeri şi îndoieli ale bietei Dora, Ştefan a început să fie mereu mai ocupat, pleca de acasă, o evita, iar la un moment dat s–a şi mutat la altă adresă.

Ea rămăsese singură şi a înţeles că partenerul cu care îşi împărţise viaţa timp de peste opt ani, sperând să aibă alături un om la bătrâneţe, încerca să fugă de ea sub diferite pretexte: că nu poate suporta pe cineva bolnav alături, că îi lasă ei timp să se ocupe de sănătatea ei, că are enorm de lucru şi trebuie să se concentreze, dar era clar că dorea să se debaraseze de ea acum, când ar fi avut nevoie cel mai mult să–i fie cineva alături. Uitase că şi el trecuse prin momente grele când avusese o operaţie de cancer la un testicul, când ea l–a îngrijit fără şovăire.

Aflu mai târziu că Ştefan a părăsit–o pe Dora fiindcă intrase într–o relaţie cu o fată cu vreo şaptesprezece ani mai tânără decât el, care tocmai venise din ţară şi cu care s–a căsătorit repede în mare taină.

Dora a aflat despre trădare când doborâtă de veste şi de boală a început să se simtă mereu mai rău. M–a sunat sperând că eu aş putea avea vreo influenţă asupra lui şi a familiei sale pentru a reveni la ea, însă el mă ocolea.

Între timp lui Ştefan i s–a născut o fetiţă, care după câteva luni începuse a da semne de a fi oligofrenă făcându–i viața un vacarm. Atunci m–a sunat el pe mine, care tocmai părăsisem New York–ul, ca să afle cum s–ar pute trăi în altă parte, gândind să plece din Connecticut ca să scape de presiunile surorii lui și de biata Dora care nu–l deranjase vreodată cu ceva. Mustrările de conștiință nu–i dădeau pace și căuta o scăpare să fugă cât mai departe de cei care i–ar fi putut aminti de trecut, am bănuit eu.

Cu acea ocazie ne–am conversat mai mult și cum ne știam de o viață s–a deschis spunându–mi că este fericit fiindcă își dorise un copil, chiar atât de târziu, timp în care eu auzeam prin telefon fata urlând sălbatic, ca din gură de șarpe.

L–am întrebat ce se petrece cu copilul de urlă continuu și atunci mi–a spus adevărul numai pe jumătate: că ar fi bolnavă, are ceva probleme psihice, dar se vor rezolvă pe măsură ce crește. *„Se rezolvă pe dracu"*, mi–am spus eu în gând... ce să mai faci cu un copil anormal!?

M–am simțit ofensată eu pentru biata Dora care fusese părăsită la greu și l–am cam luat la rost:

– Bine măi Ștefane, ne știm de o viață și acum, de când ne–am reîntâlnit în America, am fost așa de bucuroasă să descopăr ca ți–i găsit o parteneră pe măsură, când te apropii de cincizeci de ani. Cum n–ai fost niciodată însurat, cred că Dora ți–ar fi fost cea mai bună nevastă și nu cea cu care te–ai combinat în mare grabă, iar acum, uite că ai probleme cu un copil făcut la bătrânețe, pentru care s–ar putea să ai mult de suferit mai târziu.

Cu Dora erai într–o relație armonioasă de mulți ani, erați un cuplu adevărat și toată lumea vă iubea; eu regret tare mult că ai părăsit–o în mod atât de laș.

– Știu că ai dreptate de aceea vreau să fug de aici și nu mai vreau să aud pe toți prietenii vorbindu–mi numai despre ea.

M—am însurat fiindcă am fost atras de o fată mult mai tânără decât mine și era firesc; este licențiată, chiar dacă eu nu sunt(?) și m—am aruncat în această relație aproape fără să gândesc. Ai început și tu să mă condamni ca soră—mea!?

Dora poate să și moară de cancer, doar n—am îmbolnăvit—o eu și nu puteam rămâne lângă ea să sufăr acum, iar mai încolo să rămân și văduv.

— ???

— Vezi tu, *eu sunt un scorpion tipic și nu pot face decât cum îmi dictează interesele, așa mi—e caracterul, nu mă mai pot schimba!*

— De ce n—ai gândit așa la momentul când tu ai fost operat de cancer și ea nu te—a părăsit? Puteai tu rămâne infirm pe viață!

— Da, dar vezi tu că n—am rămas! Ia lasă tu filozofia, fiecare om își aranjează viața așa cum îi este lui bine; tu ești o idealistă irecuperabilă și nu vezi decât fațetele sentimentale ale problemei! Ți—am spus că *eu sunt un scorpion!* Mai bine vezi dacă afli prin zona ta un post de geolog pentru nevastă—mea și spune—mi; ca să ne mutăm imediat și să ne pierdem urma. Ținem legătura!

(Ascultam, dar vocea mi se uscase în gât).

— Hei, mai ești pe fir, strigă Ștefan, ce ai căzut în butoiul cu melancolie? Trezește—te, viața merge înainte!

— Pentru unii... mi—am zis eu în gând... și am trântit telefonul în furcă.

Cumătra vulpe la ales,
cumătra vulpe la cules...

Am fost invitați la cununia noului nostru coleg de serviciu Radu, tânăr absolvent de politehnică, cam rebel, dar băiat deștept și simpatic. Nu m–am grăbit să–l onorez cu prezența mea fiindcă nu–l știam încă bine și erau toți cam cu vreo zece ani mai tineri decât noi, veteranii grupului nostru din laborator. De la celebrarea evenimentului s–a înapoiat Gabi, care făcea parte din generația lor și stătea mai mult în preajma mea.

– Ei, cum a fost la căsătoria lui Radu, am întrebat eu.

– S–a însurat cu o fată drăguță, numai zâmbete dulci, însă am simțit–o că râde cu buzele, dar sfâșie cu ghearele, îmi spuse Gabi. Se pare ca este fiică de colonel de securitate, iar mie nu–mi inspiră încredere. Foarte falsă, te vinde și te cumpără din ochi, ca o precupeață. Plăcută la prima vedere, dar din spatele drăgălașei ei aparențe cu o voce alintată, parcă stă la pândă o vulpe parșivă.

Timpul a trecut și curând am aflat că așa, dintr–odată, Radu a plecat cu bursă de studii în Italia, împreună cu Doru, un fost coleg al său, care se însurase urgent cu fiica prim secretarului de partid al capitalei. Nici nu veniseră bine că erau *gata aranjați* să plece la specializări în străinătate, înainte de a fi mișcat un pai la proiectele noastre grele unde munceam cu toții zi și noapte pentru un contract internațional.

Explicaţia era clară pentru modul cum funcţionau la acel timp aranjamentele de plecat peste hotare, numai pentru fiii sau fiicele activiştilor de partid sau ai celor din securitate.

Pe când Radu se afla la Roma m–a acostat o fată în maşina cu care mergeam la lucru, prezentându–se soţia lui; se afla pe scaun când eu am urcat, deci am bănuit că locuia pe undeva aproape de mine.

– Ştii, eu sunt Mihaela, soţia lui Radu! Soţul mi–a vorbit foarte mult de tine, spuse dânsa şi am dorit tare mult să te întâlnesc!?

M–am întrebat ce să–i fi vorbit de mine când nici nu apucase să ne cunoască bine pe toţi colegii din secţie înainte de a pleca din ţară.

Din vorbă în vorbă am tot ascultat–o sporovăind de câte ori o întâlneam în maşină, apoi a venit la institut cu studenţii în practica de vară cercetându–mă foarte insistent. Eu eram extrem de rezervată fiindcă nu găseam rostul acelor insistenţe de a se tot învârti mereu în jurul meu. Mai mult, s–a arătat interesată în ceea ce lucram eu pentru contractele noastre, apoi pentru doctorat numai ca să testeze cunoştinţele mele în domeniu, deşi noi aveam profesii paralele, nu identice.

Am aflat apoi că o cunoştinţă a familiei mele, care trăia la Roma, fusese la *Accademia di Romania* unde erau cazaţi românii, să întrebe dacă cineva din cei aflaţi acolo mă ştie şi aşa ajunsese să vorbească cu Radu. Omul săracul, fugit ilegal din ţară, căutase vreun român prin care să trimită medicamente pentru mătuşa şi mama lui din România.

Mihaela cu Radu locuiau în acelaşi cartier, foarte aproape de mine, iar când el s–a întors de la Roma mi–a adus un geamantan pentru rudele amicului fugit în Italia și câteva mărunțișuri pentru mine. Cu această ocazie ne–am mai apropiat, ne–am vizitat, timp la care Mihaela mă cerceta continuu, răutăcioasă, insinuantă fără motive, *măsura, număra* și *comenta* tot ceea ce vedea la mine–n casă și mă trezeam uneori cu ea la ușa mea ca și cum eram permanent în colimatorul ei. Cu adevărat comportare de fată de securist, deci trebuia să fiu politicoasă și atentă fără a protesta, mai ales că nu știam la acel timp ce fel de securist era tatăl ei.

Ceea ce observasem era îndrăzneala cu care se cam arunca la orice bărbat din preajmă, păstrând însă aerul soției–pisicuțe ce nu–și arăta imediat ghearele și îl manipula pe Radu ca pe o vrăbiuță căreia îi pui în mână un pumn de grăunțe pentru care te urmează și ascultă orbește. M–au lăsat în pace un timp până am aflat că ei i–a murit primul copil la naștere și atunci m–am simțit datoare să o sun. Știam că luptase cu toate forțele să aibă un copil și acest eșec m–a făcut să–mi pară foarte rău pentru amândoi.

Au mai trecut niște ani, Radu se aruncase tare în politică dând din coate să penetreze straturile superioare ale puterii și orice alte legături la îndemână, numai ca să ajungă departe: incisiv, deștept, dar grosolan. Devenise tată pentru a doua oară, când Mihaela a născut o fetiță.

Într–o zi m–am trezit cu Mihaela și copilul la ușa mea!?

Am poftit–o înăuntru, am stat puțin de vorbă, eu cu același sentiment de rezervă impus *de forul meu interior* ca un avertisment emoțional transmis din plexul solar. Din nou m–am întrebat de ce mă tot urmărește continuu căutându–mi prietenia și nu găseam răspunsul.

Cum eu lucram la institut în afara orașului, iar ea în Politehnică, nu prea aveam timp de vizite. Radu se mutase pe un post important făcând naveta, iar fetița o mai lua uneori mama ei.

Am întâlnit–o pe Mihaela într–o zi la cumpărături când mi s–a confesat că nu se mai înțelege cu Radu, că a devenit brutal și că se teme să nu ajungă la divorț. Curând mi s–a plâns din nou că Radu a bătut–o, că a dat–o cu capul de peretele băii, că ea nu mai poate conviețui cu el și a înaintat divorțul lăsând fetița temporar la părinți. Mi–a cerut ajutorul să–și ia de acasă niște lucruri, apoi mă suna destul de des să mi se plângă de faptul ca a descoperit cum el o înșela, că se teme de când a devenit agresiv și a decis să mai stea la mama ei până se va rezolva divorțul.

Nu știu de ce am eu avut deseori nenorocul să fiu căutată de prieteni și neprieteni precum un rabin pentru confesiuni, sfaturi și suport.

Tocmai plecam într–o delegație când m–am trezit din nou cu Mihaela la ușa mea.

– Văd că ești pe ducă, dar am trecut numai să te văd ce mai faci, spuse ea.

– Iartă–mă, dar plec într–o delegație mai lungă și a trebuie să–mi pregătesc bagajul, nu pot să fiu o amfitrioană bună azi, poate altădată, i–am ripostat eu rece.

– Dacă pleci de acasă pentru mai multe zile cine va avea grijă de florile tale din balcon, nu vrei să mai trec eu să ți le ud?

– Mmm da, am spus eu, n–ar fi o idee rea, mulțumesc, să–ți dau cheile.

I–am dat cheile, i–am mulțumit și mi–am văzut de bagaje și de actele pentru mașina și oamenii cu care plecam dimineața următoare, foarte devreme.

Era perioada când avem contracte mari în țară și plecam destul de des de acasă. M–am gândit chiar că nu era rău să mai vadă vecinii că intră și iese cineva din apartament, să nu observe că nu este nimeni acasă.

A durat o perioadă destul de lungă de timp istoria cu delegațiile mele; o sunam pe Mihaela cum ajungeam acasă mulțumindu–i că găseam florile mele în viață și aveam multe, foarte multe pe terasa mea cu fața la răsăritul soarelui. M–am întors odată mai devreme cu două zile decât știa ea că sosesc și când am vrut să descui ușa, broasca era blocată de cheile care se aflau în ea. Am sunat mult până mi–a deschis ea care m–a rugat să mai stau puțin pe culoar că nu este singură!? Din bucătărie am auzit o voce șoptită de bărbat.

Mi–a deschis ușa într–un târziu după ce rămăsese singură în apartament; el plecase. A început cu explicațiile pe care mi–a fost silă să le ascult.

Întâlnise un bărbat la facultate, îmi spuse ea, însurat și el cu un copil, cu care începuse o aventură amoroasă în care se prinseseră amândoi mai mult decât s–ar fi așteptat. Până aici nimic să mă șocheze, dar abia atunci am înțeles de ce mă curtase atât de mult.

M–am luminat la minte cam târziu și am înțeles de ce Radu fusese violent cu ea. M–a jicnit însă felul viclean în care m–a folosit dându–mi impresia că–mi face un serviciu, fără a–mi da măcar de veste că și–a permis să intre în casa mea cu un amant. Am înțeles că relația lor era foarte avansată și că plănuia să–l trimită pe Radu cât mai departe de casă ca să se scape de el. În aceste condiții Mihaela a retras divorțul de ochii lumii, fiind în așteptarea unei plecări a lui Radu peste hotare și îndemnându–l să rămână definitiv, de unde să meargă în lagăr la Viena

și apoi să scoată și *fetele*. Plecarea lui s–a petrecut destul
de repede, ceea ce le–a convenit la amândoi în condițiile
în care el n–ar fi primit pașaportul dacă era în divorț cu
nevasta.

Radu a ajuns la Viena, intrat în lagăr de unde trimitea
scrisori și promisiuni că va pleca în șase până la opt luni și
a decis că va opta pentru Canada.

Mihaela s–a întors la viața normală cu amantul, al
cărui nume conspirativ era „*Gheorghe*" ca să nu priceapă
nimeni despre cine era vorba, își lăsa fetița în grija mamei
lui, în timp ce ei se bucurau fericiți de excursii prin țară,
restaurante selecte, iar eu credeam cu adevărat că va ră-
mâne cu el. Nu judecam fiindcă dragostea nu are margini
și nici nu poate fi înțeleasă decât de cei care sunt implicați
în vraja propriului lor joc de artificii.

Radu trimitea mesaje disperate din Viena, spunând
că va dura mult mai mult așteptarea lui în lagăr, trimitea
chiar pachete, iar Mihaela îi întreținea convingerea că–l
va urma pentru binele familiei lor și mai ales al copilului.

În acele momente de *agonie și extaz*, Mihaela îmi
spune că a rămas însărcinată cu *Gheorghe* și nu știe ce să
facă. Făcuse destule tratamente să facă copilul dinainte
așa încât nu era de mirare că i se întâmplase acest lucru
din nou.

N–am rostit o vorbă fiindcă nu credeam în ea; dovedi-
se a fi mult mai vicleană decât părea și o bănuiam că ar fi
lăsat copilul pentru rezolvarea întregii lor situații: el scăpa
de nevastă, ea era ca și scăpată de Radu, dacă dorea, iar
mama lui *Gheorghe* știa de relația lor pe care o susținea în
ascuns prin grija pentru fetița ei. Mihaela circula numai
cu mașina lui, se comportau ca un cuplu normal, doar că

funcţionau în taină şi cu mare precauţie, *Gheorghe* lu-
crând tot în politehnică şi având prieteni comuni, ba chiar
am înţeles că Radu îl cunoştea bine şi reacţionase brutal
în momentul când a simţit că nevasta ar avea o slăbiciune
pentru el.

Bănuiesc că *Gheorghe* s–a speriat aşa de tare când a
aflat că Mihaela este însărcinată că în loc să ia o decizie
s–a făcut invizibil pentru o vreme. Poate intuiţia l–a ajutat
să simtă nesinceritatea ei şi s–a gândit că la nevoie îl va
schimba şi pe el precum pe soţul aruncat peste graniţă.
Discutaseră amândoi un plan de fugă în sensul că ea va
lua avionul spre Canada când o va chema Radu la el, dar se
va opri altundeva în Europa unde amantul va putea veni
la o conferinţă fiind căsătorit oficial şi cu copilul pe care–l
lăsa în ţară.

În acele condiţii ea putea pleca însărcinată, iar
copilul lor s–ar fi putut naşte în afara ţării, motiv
excelent de a obţine ambele divorţuri ca să–şi vadă de
viaţă în noua formaţie.

Dar... n–a fost să fie aşa! *Gheorghe* a dispărut ca un
laş, lăsând–o singură în zbaterile ei cu sarcina, ceea ce nu
era simplu de rezolvat.

Pe acel moment a venit *cumătra vulpe* din nou la mine
să mi se plângă că va trebui să scape de sarcină înainte de
a fi prea târziu. S–a internat în spital, a făcut chiureta-
jul, dar atunci a apărut din pământ un alt amorez cu care
ea fusese în oarecare relaţie mai înainte şi de la care a
scos banii pentru chiuretaj dându–i impresia că ar fi fost
copilul lui!?

Armeanul, bărbat foarte bine şi om de toată ispravă, cu
care a trecut pe la mine după ce a ieşit din spital, devenise

acum îngerul ei protector fiind sincer îndrăgostit de ea. Pe *Gheorghe* nu–l întâlnisem, deși fusese în apartamentul meu de zeci de ori, fără să fi știut, însă acest bărbat de nădejde, senin și de bună credință, căruia îi stătea scrisă pe față bunătatea, credea în ea. Am înțeles că lucrase tot în politehnică și se știau de mulți ani.

Stând de vorbă cu el mi–a mărturisit că Mihaela îi promisese solemn că–l va scoate din țară cum va ajunge în străinătate și–și va aranja treburile. M–am mirat în sinea mea și m–am gândit ce minte diabolică are vulpița.

În timp ce ea aștepta actele pentru întregirea familiei, depusesem și eu actele de plecare din țară, deci aveam acum o mulțime de probleme comune în care s–a oferit să mi–l dea pe armean să mă ajute cu alergătura și diversele legături necesare, ba chiar îl numise *vărul meu*, iar mai târziu când m–am întâlnit cu Radu în America, m–a întrebat ce mai face *vărul meu*, dacă nu–l pot ajuta prin ceva relații din Los Angeles să vină încoace.

Cumătra vulpe Mihaela încurcase așa de bine toate ițele că nici ea singură n–ar mai fi putut să le desfacă; ceea ce era mai greu pentru mine era că trebuia să țină minte toate învârtelile ei ca să nu mă dau de gol soțului ei când ne–am revăzut.

Mihaela l–a alergat pe „*vărul meu*" de i–au sărit capsele cu pregătirile de plecare, pachete de cărat la vamă, cumpărături costisitoare, timp în care spunea părinților că cel care o ajută este o rudă de–a mea. Eu tăceam.

A plecat din România cu un an înaintea mea și mi–a trimis o singura scrisoare în care îmi spunea că a ajuns acolo doar cu trupul, dar sufletul ei rămăsese ancorat la *Gheorghe* pe care nu–l putea scoate din gândurile fiecărei

zile. Despre *armean* nicio vorbă şi mă gândeam cu admi-
raţie cum l–a folosit cu măiestrie de securistă antrenată la
înalte şcoli KGB–iste, fără remuşcări, fără sentimente, l–a
stors de bani, l–a alergat şi dat la coş. Bravo neamule!

După ce am ajuns în America le–am dat coordonatele
mele şi la prima ocazie când a venit Radu la New York
m–a căutat să ne vedem întâlnindu–ne în Manhattan.

L–am simţit foarte curios să afle de la mine ce s–a
petrecut cu Mihaela după plecarea lui şi era normal să
mă creadă mai aproape de el fiindcă lucrasem un timp
împreună, în timp ce ea devenise cunoştinţa mea prin el.
S–a bizuit pe obiceiul femeilor de a–şi bârfi amicele, dar a
dat greş; în primul rând nevasta lui nu–mi fusese prietenă
atât de apropiată încât să ştiu ce făcea în timpul liber şi
asta i–am şi spus.

În al doilea rând *vărul meu armeanul* o ajutase în
numele meu (aici am minţit, dar sunt şi minciuni nece-
sare, când vrei să faci bine), deci nu avea nimic comun cu
Mihaela în afară de afaceri de schimbat bani, cărat bagaje
la vamă şi alte servicii necesare la o plecare definitivă din
ţară, ceea ce a făcut şi pentru mine. Mi–am dat seama că
nu m–a crezut, a încercat să afle dacă–l ştiu pe amicul
lor *Gheorghe*, rostindu–i numele adevărat, pe care atunci
l–am aflat şi eu, dar eu m–am arătat mirată şi mută, dând
din umeri.

Ne–am despărţit în termeni civilizaţi, dar l–am simţit
că venise special ca să vorbească cu mine încercând să afle
ceva despre nevasta lui, pe care o bănuise de trădare, apoi
m–a invitat la ei în primul concediu.

A mai trecut destul timp până eu am decis să merg în
Canada, pentru a face un drum de la est spre vest traver-

sând continentul și trecând prin orașele principale, când m–am abătut și pe la ei. Am rămas acolo câteva zile, când Mihaela m–a scos la plimbare încercând să afle dacă am vorbit ceva cu Radu, sau dacă m–a întrebat ceva despre ea. Am spus că nu și am încheiat mahalagismele.

Mi s–a confesat că în cele din urmă *Gheorghe* fugise și el din țară și se afla în Elveția, fără nevastă, deci îi mirosise urma. N–am întrebat o vorbă, ea a rămas cu vorbele pe buze și a văzut că nu mai am chef să particip cu nimic la viața ei dubioasă. Priveam în gol, undeva departe și mă gândeam că eu nu fac parte din această lume sau nu o înțeleg așa cum trebuie.

La masa de seară mi–au ținut o prelegere despre familie (cine vorbea!), că de ce nu găsesc eu pe cineva să mă căsătoresc, de parcă ar fi umblat bărbații încolonați cu sutele pe străzi, iar eu trebuia doar să arunc din balcon cu mărul fermecat și gata loveam ținta: *Prințul salvator.*

Vulpea mi–a ținut o altă lecție de cum gândește societatea despre o femeie singură și că știa ea ce se vorbea despre mine (???) la institutul unde lucrasem cu onor soțul ei bine încornorat de credincioasa lui nevastă. N–am leșinat, n–am mișcat un mușchi pe fața mea, am ascultat fără a scoate o vorbă, împietrită de nerușinarea celei care știindu–se vinovată arunca cu noroi în alții. Astfel că *Sagrada Familia* mi–a arătat tot disprețul lor pentru o femeie care îndrăznise să plece singură în lume, fiind onestă cu ea însăși, după spusele lui Shakespeare pe care l–am și citat: *„above all to be true to oneself",* dar nu le–am spus cine a rostit–o și unde că n–aveau ei treabă cu cititul. Avantaj eu!

Erau doi șmecheri superficiali, legați numai prin interese materiale și de un copil pe care el îl iubea, iar ea îl folosea drept scut împotriva lui; erau bine aşezaţi în tiparele societăţii ipocrite ale continentul american, aveau deci toate şansele să fie câştigători ai cursei vieţii.

Felicitările mele!

În timp ce stăteam la masă a sunat telefonul. La capătul celălalt al firului era vechiul lui coleg Doru, ce se afla în America cu nişte ani înaintea mea, securist gradat care se însurase cândva cu fata prim secretarului de partid al capitalei. Din conversaţia lor, chiar camuflată de fraze abracadabrante, am dedus imediat că rămăseseră colaboratori credincioşi ai securităţii şi aveau încă multe afaceri împreună. Ba mai mult, Doru l–a întrebat ce mai fac eu, deci Radu vorbise cu el şi–i dăduse raportul că voi trece pe la ei.

Aflasem acum că tatăl Mihaelei, colonel de securitate lucrase la paşapoarte, dar se pensionase înainte de a depune ea actele de plecare.

Aceşti copii de securişti au moştenit atitudini grosolane, cu lipsa de etică şi morală copiate din familiile lor şi cu dorinţa avidă de parvenire, utilizând orice mijloace pentru a–şi atinge scopul. Simţindu–se puternici prin spatele asigurat de părinţi sau de neamuri, erau în acelaşi timp complexaţi de colegii lor care aveau origini *„nesănătoase"*, dar moşteniseră învăţătura şi educaţia unor intelectuali din vechea elită, crescuţi acasă printre mii de cărţi, cu simţul măsurii, cu sentimentul ruşinii şi al moralei pe care cei rătăciţi în goană prin şcolile securităţii sau partidului şi le–ar fi dorit.

Mihaela făcuse în trecut o adevărată criză de gelozie cu prilejul unui premiu luat de mine în ţară şi atunci am dezlegat motivul furiei: neputinţa de a accepta şi cuprinde ceea ce ei îi lipsea cu desăvârşire: preocupări deosebite pentru înțelegerea lumii prin iluminare. Am înțeles–o, am iertat–o și am trecut–o pe lista cunoștințelor fără valoare în sufletul meu.

Tot ce învățase fusese prins *după ureche*, nu putea participa la o conversație despre nimic altceva decât despre bucătărie și eventual motoare termice sau electrice, dar nu sunt convinsă că le știa bine și pe acelea.

A venit anul următor cu fiica ei să mă viziteze în America, când m–au executat unde să le duc și mai ales ce să le dau de mâncare, dar a fost ultima oară când am văzut–o. A trebuit să–mi plătesc cu dobândă mare fiecare dumicat oferit în scurta mea vizită la ei, dar m–am eliberat de manevrele *cumetrei vulpi* securiste, cu năravuri de damă pentru orice ocazie.

După plecare n–am mai auzit de ea. Venise numai să mă controleze ce am si ce nu, mi–a inventariat ceea ce a văzut prin apartamentul meu de proaspăt emigrant, a făcut comentarii caustice si... dusă a fost. Scăpăra de răutate.

Cum eu am plecat din New York în urmă cu mulți ani, mi–a pierdut urma și am scăpat de „prietenia ei" dubioasă.

Cu fiecare român cu care am avut experiențe triste am suferit enorm, fiindcă pe pământ străin aș fi dorit să fiu înconjurată de căldura celor cu care am împărțit rele și bune, cu atât mai mult a celor pe care i–am ajutat.

Așa ne depărtam unii de alții și așa ne pierdem inimile!

Consolarea

Ruxi cu Doru au fost colegi de facultate, iar la terminarea studiilor s–au căsătorit. El fecior de doctor bogat din Timişoara, mai puţin talentat decât ea, plin de ifosele moştenite din familia care a cam strâmbat din nas că nu le–a adus o noră foarte înstărită. Ruxi, provenea dintr–o familie de ardeleni de soi, adevăraţi intelectuali educaţi, morali şi buni români, bogaţi la minte, nu la buzunare, care aveau trei copii unul mai strălucit decât celălalt.

Şi–au cumpărat un apartament la Bucureşti pe care l–au aranjat cu talentul si ochiul de artist al Ruxandrei, aşa încât oricine intra la ei era şocat de originalitatea acestuia, colecţia de obiecte de artă, bucătăria aranjată după revista Nekermann plus talentele culinare ale gazdei. Păreau un cuplu reuşit pentru snobii bucureşteni la care numai ceea ce posedai material conta. La scurt timp după aranjarea casei a venit pe lume un băieţel superb care le–a luminat viaţa şi în jurul căruia se învârteau bunicii lor neştiind cum să–i ajute pe tinerii ocupaţi cu meseriile lor grele de ingineri constructori la început de carieră. Fără ca cineva să fi bănuit vreo intenţie au plecat amândoi într–o excursie în Grecia de unde nu s–au mai întors. Au stat în lagăr un an şi jumătate, până au reuşit să primească viza pentru America, timp în care Ruxi picta tablouri pe care le vindea, iar Doru făcea diverse treburi pe lângă un profesor din facultate cu care s–au întâlnit în lagăr și care lucra în Grecia pe șantierul unui fost coleg școlit în România.

Au ajuns în America unde au rămas în New York găsind imediat slujbe acceptabile, însă mai prost plătite la început. Cum Ruxi era foarte bună în meserie a fost repede promovată pe un post bun timp în care și–a luat și licența americană. El a urmat–o mai încet și mai

puțin apreciat, ceea ce îl făcuse să se împace cu ideea că fusese mediocru, deși mocnea în el orgoliul nesatisfăcut; *băiatul lui domn' doctor* și–a dat seama că în țară dobândise slujba prin relații, în timp ce nevasta lui fusese dintotdeauna excepțional cotată numai datorită valorii ei reale. El era un individ șters, introvertit, poate copleșit de inteligența și succesul nevestei, apoi de prezența soacrei, care, deși o femeie foarte distinsă, era acel *altcineva* în casă. Socrul murise tot la ei, a mai venit și fratele cu cealaltă soră din România, astfel că omul se cam chircise sub propria lui neputință de a se simți pe de–a–ntregul stăpânul casei.

Cu mari peripeții și intervenții și–au adus băiatul din țară, apoi părinții Ruxadrei care avuseseră grija lui. L–au dat pe copil cea mai scumpă și bine reputată școală a oamenilor bogați din Manhattan, unde însă mișunau și traficanţii de droguri despre care Ruxi şi Doru nu au ştiut. Lucrurile mergeau înainte, ei munceau de dimineaţă până noaptea, dar aveau pe mama şi tatăl Ruxandrei care aveau grija băiatului şi a casei. Îşi cumpăraseră o casă în stil Tudor care era desăvârşită în bunul gust şi funcţionalitate, au refăcut bucătăria, au adus din Tibet şi China tapiserii de mătase, au decorat totul ca într–un muzeu de artă.

Ruxi a fost premiată pentru nişte proiecte speciale în America şi peste hotare, dar aceste eforturi cereau să–şi dedice tot timpul companiei la care era lucra. Relaţia lor de familie nu părea a fi fost cea mai reuşită, iar în lupta acerbă pentru existentă la New York, cu distanţele uriaşe, cu oboseala care–i zdrobea, aproape că nu mai apucau să se vadă unul cu altul, iar cu băiatul doar peste weekend. Singura lor legătură părea să fi rămas copilul foarte frumuşel şi deştept care însă părea emotiv, mult prea sensibil, poate şi fiindcă simţise răceala dintre părinţi, poate aceştia nu se apropiase atât cât să–l facă să se destăinuiască şi să pună întrebări tatălui la vârsta când acesta ar fi trebuit să aibă rolul de educator.

Fratele Ruxandrei, care ar fi putut avea un oarecare rol prin apropierea de băiat, era homosexual, aşa încât familia îl ţinuse departe de orice legătură cu toţi ai casei. Fiind oaia neagră a familiei venea foarte rar în vizită, apoi s–a mutat cu serviciul pe coasta de vest, la mii de mile depărtare de New York. Copilul a crescut în casă cu trei femei: mama, sora mamii, plus bunica, şi cu un tată cam împiedicat şi clocit care nu–şi rezolvase propriile sale complexe, dar să mai noteze nevoile băiatului.

Toată familia funcţiona greoi şi tacit, striviţi de munca din companiile americane, lipsindu–le stâlpii solizi atât de necesari pregătirii băiatului pentru viaţă, plus at-

mosfera apăsătoare a cato-
licismului sever sub care
crescuseră fetele. După
paisprezece ani ai băiatului
părinții au simțit, apoi
înțeles, că băiatul părea
drogat uneori, au observat
comportarea lui diferită,
dar au băgat capul în nisip
sperând că s–a întâmplat
numai odată, sau au păstrat
taina, așa că nimeni dintre
prieteni nu a înțeles exact
ce se petrece acolo ca să fi
intervenit cu vreun ajutor.

¿Que se la llevaron.

La vârsta apropiată ab-
solvirii școlii medii băiatul era nefuncțional și abătut, iar
părinții complet devastați de cele întâmplate. Era clar că
nu mai putea studia, iar părinții au aranjat un serviciu la
un birou particular de afaceri ca să-i de a o preocupare,
deși nu s–a arătat vreun progres în starea lui de sănătate,
fiindcă odată ajuns sclav al drogurilor, creierul este total și
ireversibil afectat, precum un ou prăjit pe o plită încinsă.

După câteva săptămâni de la începerea serviciului
băiatul a fost victima unui grav accident de mașină pe
una din străzile aglomerate ale New York–ului. Nu s–a
aflat dacă el s–a aruncat spre mașina ucigașă dorindu–și
moartea, sau a fost un nefericit accident ținând seama
de lipsa de atenție din cauza în stări lui de permanentă
buimăceală în care se afla.

Doliul a doborât întreaga familie, iar biata Ruxi, era
de nerecunoscut. La fel relațiile cu Doru s–au stins și

ca să nu–și piardă mințile au luat un concediu de două săptămâni pe un vas de croazieră spre Caraibe încercând să mai uite. Nimic însă nu s–a schimbat în relația lor, sfă-râmată deja, așa încât s–au despărțit, au vândut casa și au plecat fiecare pe drumul lui; Ruxandra s–a mutat cu sora ei, care–și cumpărase un apartament, iar Doru a dispărut fără urmă, în lumea agitată a New York–ului.

Au trecut câțiva ani în care nu s–a mai aflat de niciunul dintre ei. Fetele evitau pe toți cunoscuții, mama lor murise înainte de tragedia cu băiatul, nu se mai auzise nicio vorbă despre Ruxandra sau Doru.

Într–o zi prietenii lor cei mai apropiați și foști co-legi de facultate l–au întâlnit pe Doru într–un restaurant din Manhattan, însoțit de o asiatică pe care a recoman-dat–o soția lui. Vesel, jovial și de nerecunoscut era numai bunăvoință și zâmbete!

– Ce bine îmi pare că te întâlnesc, i se adresă Șerban lui Doru, pari a fi un alt om și mă bucur că ți–ai revenit după tragedia trăită. Bravo ție, arăți excepțional!

– Da, mi–am schimbat viața și mă simt mai bine ca niciodată! Soția mi–a dăruit un alt copil și sunt în al nouălea cer de fericire. Muncesc, am multă energie și sco-pul de a–mi crește acest băiat îmi umple viața, deci am vrut să uit de cele întâmplate înainte.

– *Este oare aceasta o consolare, un substitut,* întrebă Șerban. Cum ai găsit soluția atât de repede?!

– Este mai mult decât o consolare, este o reînviere pentru mine. Această femeie mi–a dat încrederea în mine, mă iubește, mi–a schimbat viața, iar apariția copilului m–a vindecat de toate durerile anterioare.

– Te mai vezi cu Ruxi, ce face, ce mai știi de ea?

— Niciodată! Acel, trecut este îngropat pe veci, acum sunt fericit și nu vreau să–mi tulbur liniștea dobândită atât de târziu.

— Vorbești de parcă ai urî–o îi spuse Șerban, totuși a fost partenera ta de viață peste douăzeci și cinci de ani și este un om de excepție, cum bine știm cu toții, nu prea ai ce să–i reproșezi.

— Tocmai de aceea nu mi–a mai trebuit. Relația noastră se consumase, iar eu aveam nevoie de ceva nou, de aer proaspăt, chiar și pentru *consolare...* cum spui tu.

Salut și numai bine, spuse Doru ieșind din restaurant; era acum un alt Doru decât cel pe care–l știuseră colegii, complexat, fără haz și taciturn, mișcându–se printre oameni ca o cârtiță.

Șerban a rămas pe gânduri la cât de ușor se schimbă unii oameni, și–a luat nevasta de braț fiind amândoi afectați de întâlnirea cu Doru. Și–au amintit de anii de studenție, de prietenia lor cu Ruxi și Doru și au plecat îmbrățișați la un tur prin oraș, fericiți că ei reușiseră să–și păstreze familia închegată solid, dar foarte triști pentru Ruxandra.

— Ai fi crezut că mototolul de Doru ar fi fost în stare să facă ceva în viață fără Ruxi? L–ai văzut ce jovial este, ca și cum nimic nu s–a întâmplat.

— Făcut pe dracu! Filipinezele, chinezoaicele, asiaticele în general caută cu disperare un cetățean american să se mărite. Sunt extrem de viclene, mari actrițe în a–și cuceri și păstra un bărbat, deci o căsătorie pe fundație de nisip, numai ca să le fie lor bine.

Doru se îmbată cu apă rece, poate schimbarea aceasta rapidă l–a ajutat să se regăsească, sau... noi nu l–am cunoscut îndeajuns.

Mârșavul târg

La scurt timp după căsătorie am fost invitați de colegii de facultate ai soțului la întâlnirea cu cei din seria lor împrăștiați prin toate colțurile țării la posturile de „medici de țară". Fusese o întrunire festivă organizată la Miki, unul dintre colegii lor din București, care avea o casă mare cu o grădină imensă parcă în așteptarea oaspeților și unde își făcuseră ei toate petrecerile pe timpul studenției.

Fiecare dintre colegii de an au venit însoțiți de noii parteneri, deci ne–au rugat să ne spunem fiecare povestea legată de cum ne–am întâlnit și căsătorit. Existau numai două–trei cupluri care se căsătoriseră din facultate, precum Miki cu Lumi, Sanda cu Vlad și Lelia cu Bujorel, ceilalți veniți la întâlnire fiind însoțiți de parteneri necunoscuți grupului.

La un moment dat, când eram gata să ne așezăm la masă, a apărut o fată frumoasă de–ți lua respirația, singură, palidă și tristă, care ne–a dat binețe și s–a așezat lângă mine și soțul meu.

M–am uitat la ea cu multă admirație, arăta ca o sculptură din renaștere.

– Eu sunt Mara, mi se adresă ea întinzându–mi mâna prietenește; să știi că eu cu Dinu am fost prieteni buni în facultate și mă bucur sincer că s–a căsătorit cu tine după ce a lichidat afacerea cu fosta lui nevastă de timp scurt. Aș vrea să stau aici, lângă voi, spuse ea.

– Unde ți–e soțul, Mara, a întrebat–o mama lui Miki.

– Oh, nu mai este cu mine, am divorțat, răspunse Mara.

– Îmi pare tare rău să aud asta!

– Mie de loc, mă bucur că s–a terminat, a fost o lecție crudă de viață.

Nimeni n–a mai scos o vorbă și s–a schimbat subiectul.

Seara s–a desfășurat încântător, au povestit cu toții, am cântat, am dansat, iar părinții lui Miki, gazda petrecerii, au spus că au retrăit emoțiile timpului când băiatul lor era student și se aduna toată trupa să petreacă de sărbători. Când s–a terminat petrecerea am luat–o pe Mara în mașina noastră s–o ducem acasă; fusese stingheră toată seara, nu a vorbit, nu a dansat, a privit doar la buna noastră dispoziție și atmosfera vădit explozivă. Ne–a ghidat spre adresa unei prietene la care dormea când venea la București.

În drum ne–a povestit câte ceva din drama existenței ei manipulată de o mamă fără scrupule și lipsită de instincte materne, posedată numai de propriile ei interese și pasiuni, deși soțul meu știa câteva din întâmplările care–i măcinaseră viața Marei.

Din adolescența ei fusese prezent în casa lor un domn foarte distins pe care mama îl tot invita la mese, explicând tatălui că făcea asta pentru a–i facilita fetei apropierea de acesta, de îndată ce omul era foarte bine situat și ar fi putut deveni un bun partener pentru o eventuală căsătorie. Lucrurile au durat niște ani, dar Mara nu reușise să rămână decât o prietenă politicos–distantă a acestui domn omniprezent în casa lor; nu era atrasă de *musafir* în niciun fel.

Lucrurile au continuat așa până aproape de sfârșitul facultății Marei când mama a început s–o îndemne tot mai mult către o relație cu *musafirul casei*, amintindu–i că va urma repartiția ei și nu era o fericire să plece medic la țară, în cine știe ce fundătură de sub munte, când o căsătorie cu un bucureștean prezentabil, cu poziție înaltă și legături bune îi putea asigura un post în oraș, iar mai târziu la o clinică de unde nu o mai putea muta nimeni.

Musafirul se arăta mereu mai interesat de Mara, curtenitor și tandru o numise *Bella*, o invita la spectacole, la restaurante, o aștepta la facultate, o însoțea la croitoreasă, așa nu mai putea fi nicio îndoială că era total ancorat la inima Marei. Cel mai fericit era tatăl care începuse să înțeleagă că fiica lui se afla pe drumul unei relații de viitor foarte promițător eliberându–se de teama că nevasta lui ar fi avut vreo afinitate pentru *musafirul casei*.

A mai trecut ceva timp în care Mara a început să se obișnuiască cu ideea că probabil se va căsători cu *musafirul*, care se arăta numai ochi de dragoste pentru ea, începuse să–i cumpere bijuterii scumpe, o dezmierda și lăuda, chiar dacă ea nu–l iubea; se simțea bine în prezența lui, fiind introdusă în cercurile elitei intelectuale bucureștene ceea ce o făcea să plutească, era în atenția tuturor, era

încântată de atmosfera unde
descoperise o altă lume în
care nu puteai ajunge fără
un bărbat sofisticat ca el.

Ea era o femeie foarte
frumoasă, purta însă pe chip
un aer de tristețe eternă,
care o făcea să pară rece,
poate fiindcă nu înflorise
prin *marea iubire* la care
probabil visase sau sperase;
femeile care șochează prin
strălucirea lor au neșansa
să fie ocolite fiindcă intimi-
dează când apar în lume, iar

bărbații se sperie de povara unei relații care i—ar solicita
prea mult, ar fi un efort prea mare să descopere ce se află
dincolo de un chip frumos, nu—l pot cuprinde, mai ales
dacă femeia este și inteligentă. Cum instinctul primar al
bărbatului este să posede imediat ceea ce îl atrage fizic,
nu—și mai pierde vremea să curteze cu eleganță o femeie
de excepție, să o descopere, să o cunoască, este și prea
complicat pentru el de îndată ce are la îndemână alte ofer-
te, astfel că diamantele rare rămân aruncate prin sertarele
unor sub—mediocri care nu le cunosc valoarea și nici nu
știu ce să facă cu ele.

Cam așa se întâmplase și cu Mara.

La terminarea facultății s—a căsătorit cu *musafirul*,
întru bucuria părinților, dar n—a scăpat de mersul la țară,
măcar pentru un timp. Era obligată sa facă naveta, deci
să vină la București numai sâmbăta obosită și fără chef
de nimic. Toate obligațiile familiare se desfășurau în acele

două zile scurte de la sfârşit de săptămână când trebuia să–şi facă sacul şi să plece din nou la dispensarul de circumscripţie la ţară, undeva pe lângă Turnu Măgurele.

După câteva luni de la căsătorie Mara a ajuns acasă vineri, în loc de sâmbătă, fără a–l anunţa pe soţ s–o aştepte la gară. Acasă, la apartamentul lor, nu a găsit pe nimeni şi atunci a plecat spre casa părinţilor, unde şi–a găsit soţul, care ar fi trebuit să fi fost la serviciu, cu mama ei îmbrăcată cam neglijent şi foarte surprinsă de apariţia fetei. Tatăl Marei era plecat din Bucureşti.

Atunci a îngheţat de emoţie acţionând împinsă de instinctul feminin, care nu dă greş; le–a spus la amândoi că ea bănuise ceva fiindcă o vecină şi prietenă de familie o avertizase de aceasta stranie relaţie, iar intuiţia ei a completat imaginea...

Soţul Marei a fost mai slab decât mama şi a început prin a–i cere iertare, confirmând relaţia lor ca o rătăcire, ceea ce a agravat situaţia trezind–o abia acum din amorţeala în care se lăsase bandajată de–a lungul anilor, deci confirmând o situaţie... oribilă, de neconceput.

Cum mama nu lucra, tatăl era la serviciu, iar ea fusese la şcoală şi mai târziu la facultate, nimeni nu bănuise că stăpâna casei îl tot aducea pe acest individ pentru ea, iar mascarea pasiunii ei era făcută foarte dibaci prin pretextul cu Mara.

Mara nu observase nimic, însă avusese o oarecare rezervă la începutul apariţiei *musafirului* în casa lor, iar acel al şaselea simţ o prevenise cumva că „ceva" n–ar fi fost chiar în regulă, dar a respins ideea că o mamă putea fi rivala ei. Părea iraţional, ba chiar s–a simţit vinovată că i–a trecut prin minte acest gând negru alungându–l atunci...

Acum se dovedise că patima mamei pentru cel ales de soț Marei fusese reală, relația lor durând de mulți ani. Durerea i–a spintecat trupul și mintea Marei, care n–a știut cum să iasă din plasa în care căzuse din naivitate, a ieșit pe ușă împleticindu–se și unica decizie pe care a putut–o lua a fost să fugă la gară și să ia trenul înapoi, spre Turnu Măgurele, unde avea cabinetul.

După acea întâmplare nu s–a mai întors la apartamentul unde locuise cu soțul, a luptat cu disperare să scape din zona Bucureștiului mutându–se la o altă circumscripție, după care ajuns la Câmpina. Soțul meu îmi povestise ceva, dar eu n–am dat atenție; eram prea tânără atunci ca să înțeleg lumea; chipul frumos al Marei mă obseda, părea al unei sfinte împăcate cu propria ei tragedie.

După întâlnirea de la Miki n–am mai auzit nimic despre Mara, deși ne–a promis că ne va căuta. Am fost tulburată de cele auzite, mi–am lăsat niște zile lungi de rumegat întâmplarea, nu am înțeles cum se pot întâmpla asemenea tragedii, apoi am uitat.

Prin 1986 am aflat că Mara se afla la Paris, deci reușise să fugă de tragedia trăită ca și de regimul lui Ceaușescu, precum noi toți. M–am bucurat pentru ea fiindcă mă obsedase cum o asemenea femeie, ce merita să fie adorată de orice bărbat, căzuse în capcana întinsă de o mamă ticăloasă și–și începuse viața de familie cu un eșec.

Aveam să aflu mai târziu că mulți semeni ai noștri ce pot fi la fel de lipsiți de scrupule și mi–am ascuțit simțurile încercând a mă refugia sub cochilia propriei mele înțelepciuni.

Dar, ce este oare înțelepciunea decât... ***renunțare.***

Scrisoarea Isabellei

„Iubirea mea, fluture cu aripi ostenite, a zburat prin lume căutând–și floarea nemuririi să se așeze; când a aflat–o, aceasta se ofilise de prea multă așteptare".

„Ianuarie, 19, ...

Draga mea,

M–am înapoiat din Europa si am găsit scrisoarea ta de îngrijorare; credeam că ai primit vederile mele de pe unde m–am preumblat si stat mai mult decât programasem inițial.

Tu știai numai despre plecarea mea spre Londra.

A fost foarte interesant deși exorbitant de scump, însă cel mai contradictoriu timp l–am avut în Austria de unde m–am înapoiat răvășită și... îndrăgostită (da, ai citit bine) de un om ce mi–a amintit că mai poți să tresari pentru cineva chiar și la șaizeci de ani! Sunt încă sub impresia a ceea ce am trăit și–mi va trebui mult timp să–mi revin înțelegând însă că nu poate ieși nimic între doi oameni care se află pe două continente diferite, decât printr–un miracol, sau dacă unul din noi ar decide să se mute la celălalt pentru a se bucura de timpul rămas, acea ultimă porție de fericire pe care ți–o mai poți oferi către sfârșitul vieții.

Am să încep cu începutul...

Am plecat la Londra pe 6 decembrie și ajuns pe Gatwick, de unde drumul spre hotel a fost lung și greu. Frântă de oboseală m–am aruncat în camera meschină de hotel şi mi–am făcut un ceai să mă relaxez; noroc că am găsit un ceainic electric pe masa din cameră.

Nu–mi mai amintesc dacă ţi–am spus că am fost invitată în Austria de Crăciun şi a trebuit să–mi schimb toate planurile, deci să stau la Londra până pe 21 decembrie, după care să iau trenul mai departe spre Tirol. Am cărat cu mine haina de blană, ceea ce mi–a fost incomod, ştiam însă că voi fi invitată pe undeva la români bogaţi care mă vor comenta dacă nu sunt îmbrăcată ca ei de sărbători, mai ales că nu cunoşteam pe nimeni în afara acestui Bogdan, întâlnit vara trecută în Europa.

Îmi jurasem că nu mai vreau să stau singură de Crăciun şi în loc să onorez invitaţia prietenilor mei din Toronto, am decis să dau curs celei primite de la un om pe care l–am întâlnit într–o excursie şi cu care mă conversasem pe internet şi la telefon; nu ştiu de ce m–a atras ca un foc şamanic, dar am simţit că şi el mă căuta prin lume.

L–am sunat cum am ajuns la Londra, apoi mă suna el în fiecare seară la hotel. Începusem să regret că nu m–am dus direct în Austria fiindcă am stat în Londra ca pe ghimpi şi am şi plecat mai devreme cu trei zile, «pentru el». Când îi auzeam vocea muream de dragul lui de parcă fusese bărbatul meu dintotdeauna! O ciudată legătură m–a săgetat din senin, dar atât de puternică de mi–a luat liniştea. Aşa a fost şi aşa este încă.

Am colindat toate muzeele ce le aveam pe lista mea de dorinţe vechi de când lumea, începând cu *National Gallery*, unde am găsit o expoziţie temporară Rafael şi unde am petrecut primele patru zile să absorb cu atenţie totul. Am mers la *British Museum, Tate Museum, Royal Academy of Art, Victoria & Albert Museum* (extraordinar),

Madame Taussaut (o porcărie) și *Queens Gallery* la *Buckingham Palace*. La cât de înfometată de artă mă știi, nu mai aveam picioare și ochi să pot cuprinde tot ceea ce aveam de văzut deși eram cu gândul numai la Bogdan, cu care vorbeam în fiecare seară.

În umblatul meu prin Londra am căutat ceva să–i duc de Crăciun, deși cumpărasem din State două cravate superbe (una de butic, lucrată de mână), niște butoni clasici de argint și o altă pereche de butoni foarte originali făcuți în rezervațiile indiene din New Mexico, cu inserții de turcoaz în argint, a căror semnificație este de *port–bonheur*.

Ce altceva poți dărui unui bărbat despre care nu știi mai nimic, decât cum arată, nu?

Am mai găsit un fular bleumarin de mătase naturală căptușit cu cașmir, apoi de la magazinul din Buckingham Palace i–am cumpărat un carnețel delicat pentru adrese cu un creion aurit drept *souvenir*. Am fost încântată de alegerile mele.

Irina m–a sunat din Montreal la hotel și s–a speriat că m–a găsit atât de răvășită, de parcă eram gata să mă mut în dimensiunea a patra!

Bogdan mi–a spus entuziasmat la telefon că a instalat special pentru mine antena de TV care prinde programele din România, că și–a acordat pianul să–mi cânte, că tocmai își cumpărase mașina o nouă, că mă așteaptă să vin cât mai repede, dar când mi–a spus: «*Ai aici un punct de sprijin în univers, contează pe mine orice s–ar întâmpla, îți sărut picioarele*», m–a topit fiindcă nu mai auzisem aceste vorbe de la nimeni în viața mea. Atunci l–am simțit atât de aproape de mine că mi s–a făcut frică!

Vocea lui bărbătească cu inflexiuni calde mă dezarma când rostea numai «*alo, ce faci tu acolo, draga mea? Nu mai ajungi odată la mine?*

Mi s-a părut că descoperisem o comoară și nu știam cum să alerg mai repede să mă scald în emanațiile-i orbitoare. De fapt el m-a descoperit cu o intuiție greu de aflat la bărbați, *m-a simțit* numai dintr-o călătorie de o zi, unde mă aflam cu un grup de prieteni prin Europa și după ce am ajuns în State i-a venit ideea să mă invite la el de sărbători.

Am decis să părăsesc Londra pe 17 decembrie, în loc de 21, am cumpărat bilete de tren, am luat toate informațiile și am anunțat-o la Bruxelles pe Raluca să vină la gară și, valea... spre Tirol.

A fost ca o chemare a destinului și nu mă puteam opri din dorința pulsatorie să mă văd imediat la EL. O forță dincolo de mine mă împingea, am fost absolut nebună!

La Bruxelles, unde schimbam trenul, am avut o adevărată aventură și de nu venea Raluca să mă salveze, și să aibă un telefon mobil prin care să comunic cu Bogdan eram pierdută. Toate trenurile erau anulate, din cauza unei furtuni în Franța, babilonie curată la îmbarcare, dar am reușit să ajung cu întârziere la gara unde el m-a așteptat în plină noapte și pe o vreme oribilă, venind de la sute de kilometri.

Când m-am urcat în mașina lui am oftat adânc simțind cum mi s-a luat tot greul de pe umeri de parcă întâlnisem îngerul păzitor, regăsindu-mi liniștea. Din clipa aceea și până acum tresar numai gândindu-mă acolo, dar când îi mai aud și vocea... mă revăd în casa lui de la munte unde am avut 15 zile de trăiri fără egal. Venisem acasă cu gândul să-ți scriu că am trăit «*cincisprezece zile în Shambala*».

Sunt încă beată şi mă întreb cât timp îmi va trebui să mă trezesc din hipnoza în care mă tot las dusă fiindcă îmi aduce un fel de bine care mă mângâie, vibraţii tonice care mă revigorează. Îl am tot timpul lângă mine, mă scol cu el în gând, vorbesc cu el şi parcă aştept să apară aici în orice moment. Asta nu mai este o glumă!

Prima zi la el a fost de acomodare şi stat la poveşti.

Mi–a dat camera în care să dorm mi–am organizat lucrurile, mi–a arătat toate ungherele casei superbe şi spaţioase şi ne–am aşezat la poveşti. A fost o regăsire a doi oameni pe care întâmplarea i–a adus la un loc, dar aveau a–şi spune milioane de lucruri despre ei din alte timpuri, alte spaţii. A fost ca şi cum ne ştiam de mult şi ne reîntâlnisem acum, după o lungă separare, continuând să ne împărtăşim experienţele şi gândurile.

De necrezut!

Mi–a fost ca un înger să mă răsfeţe de sărbători, un mesager al acelui mult aşteptat Moş Crăciun care nu a ajuns la mine niciodată, cum bine ştii.

Mi–a arătat cartea lui de versuri publicată de curând, iar eu am deschis geamantanul să–i dau cadourile pentru Crăciun cu un card pe care i–am scris cam aşa, cred: «*Lui Bogdan în ochii căruia am găsit tot albastrul cerului, ale cărui mâini au făcut vindecări mesianice şi în al cărui suflet sălăşluieşte o înaltă spiritualitate*». Aşa mi–a venit, aşa am simţit, dar el n–a reacţionat nicicum, poate consternat de asemenea declaraţie.

A reacţionat nepotrivit la vederea cravatelor, spunându–mi repezit că tocmai aruncase vreo patruzeci şi nu–i mai trebuiau altele!? Mi–a căzut cum nu se poate mai prost, dar am tăcut. Butonii de argint clasici şi scumpi, mi i–a dat înapoi, cu un gest brutal că nu–i plac, dar i–a admirat pe cei cu turcoaz și i–a luat. În fine...

Fularul cumpărat de mine la Londra a fost mai bine venit fiindcă se asorta la paltonul lui de păr se cămilă bleumarin, slavă cerului!

Necontrolat în reacții m–a rănit fără să–i pese, dar n–a schimbat prea mult ceea ce se înfiripase în inima mea. Am înțeles imediat că acest om, strălucit altfel, a trăit prea mult într–o singurătate bine camuflată și a pierdut orice bucurie de a primi sau a dărui. Se sălbăticise.

Poate s–a speriat să nu cumva să–l oblige atenții-le mele. *Știi tu că povara recunoștinței este pentru unii oameni mai grea decât bucuria de a primi.*

A reacționat ca un urs scos din vizuină după o lungă hibernare și mi–a cam tăiat entuziasmul meu de copil, cu sufletul atrofiat de izolarea americană, care a îndrăznit să iasă în lume.

Mi–a spus de la început că are o prietenă de peste treizeci de ani în România, fosta lui iubire pentru care merge anual în țară și are deja biletul pentru Paște, apoi mi–a arătat o mulțime de poze vechi cu familia, băiatul și alte amintiri prețioase din viața lui. Am înțeles că trăiește în trecut și conviețuiește cu niște himere cu care se oblo-jește când are nevoie de afecțiune.

–Eu nu știu de ce își arăt ție aceste amintiri, îmi spusese.

Pe patul lui din dormitor am văzut o pernuță cu doi șoricei îmbrățișați (sau iepurași, nu–mi amintesc exact), între care se afla brodată la mijloc o inimă roșie. Mi–a spus că o avea de la *prietena* lui să–i țină de urât în lipsa ei (sic!)... la frageda vârstă de peste șaptezeci de ani!...

M—am întrebat în sinea mea de ce această femeie nu este acum cu el, dacă se mai iubesc încă, sau de ce nu a luat—o la el după ce a murit soția lui, în urmă cu peste douăzeci de ani?

M—am întrebat de asemeni de ce s—a aruncat spre mine dacă sufletul lui era *dat* acestei legături *sacre* din trecut. Curiozitate?

Nu i—am mai spus nimic, am prețuit și respectat sinceritatea lui și așa a rămas. A fost ca un fel de zid separator pe care l—a ridicat de la început între mine și el să nu cumva să ne apropiem prea mult. Adică cum? Doar nu mă dusesem să—l violez sau să—l cer de bărbat!

Putea să fi avut un harem în viața lui că eu tot același lucru simțeam pentru el și nu era o iluzie. Eram emoționată tocmai pentru că *mă electrocutase* din prima clipă și sunt sigură că știa bine ce farmec are în a cuceri fără efort, doar cu simpla lui prezență.

Mi s—a plâns că are probleme cu genunchiul la care avusese o intervenție chirurgicală în urmă cu două săptămâni și—și tot punea gheață pe locul operației. M—am întrebat dacă nu cumva s—a operat special la acel timp, ca să se facă invalid... în cinstea venirii mele, să camufleze ceva, fiindcă merge la schi în fiecare iarnă cu prietenii.

În seara următoare au venit în vizită prietenii lui cei mai apropiați (un alt medic cu soția) care mi—au făcut mare plăcere fiind extrem de calzi, iar Johan s—a așezat la pian și a dat un concert... aș spune... în cinstea mea.

De când am ajuns la Bogdan și până la plecare m—am scăldat în muzică de tot felul și asta a fost pentru mine extrem de reconfortant; m—au răsfățat cu muzică și iar muzică, ceea ce m—a trimis în lumi feerice dincolo de obișnuit, reală terapie.

Nu mai avusesem asemenea timp de peste douăzeci de ani!

Evident că a trebuit să pregătim ceva pentru musafiri, știi cum este la români cu mesele, am făcut o salată *à la russe* cu țelină proaspătă și mere acre, am mai improvizat și altele, timp în care el mi–a stat alături să mă urmărească ca o soacră, dar mi–a făcut mare plăcere. Este așa de pedant și gospodar, că pentru asemenea bărbat îți vine să tot faci de toate fără să te plângi; are niște mâini care vorbesc, mâini cu care au salvat atâtea vieți, mâini cu care a sculptat, spală vasele până la steril, dar cântă și la pian când are chef, cu aceeași dexteritate.

Fermecător, dar sălbatic.

Mă atrăgea în aura–i benefică cu fiecare clipă petrecută în preajmă–i. Mi–a venit să–l îmbrățișez și să–i sărut mâinile, ceea ce am și făcut mai târziu fără a mă putea stăpâni, fără să mă simt umilită, eu, care nu am sărutat mâinile unui bărbat în viața mea!

A doua zi, pe 19 decembrie, am plecat cu prietenii lui la o plimbare lungă printr–o pădure din apropiere, pe un soare sticlos de iarnă, dar reconfortant pentru faptul că m–am simțit în preajma acelor doi oameni străini precum între prieteni de o viață.

Alex și Johan parcă făcuseră parte din pachetul meu de sărbători, foarte plăcuți, ne–am văzut aproape zilnic și nu–ți pot spune ce mult le datorez pentru căldura și atenția cu care m–au înconjurat. Cu amândoi am avut un «click» de la prima întâlnire.

În seara de 19 decembrie am fost invitați la ei la o mămăligă cu brânză de burduf și cârnați din România, când eu am uitat să mai țin regim fiindcă mi–era bine!

Johan, doctorul gazdă, ne—a făcut o demonstrație de forță cântând la o claviatură electronică, acompaniat de ea cu vocea, deci iar am avut o seară nesperată.

Casa lor, un fel de muzeu cu colecții de tablouri bune, piese din *Art Nouveau,* mobile florentine, unde nu mai reușeam să admir și pipăi totul, la fel de primitoare ca și a lui Bogdan, dar mult mai încărcată.

Întorcându—ne acasă «la noi» m—am dus în pat la ora 22, timp în care el a vrut să mai piardă puțin timp la TV și chiar mi—a mulțumit că l—am lăsat să se relaxeze. Părea extenuat.

Am scris în carnețelul meu pe întuneric: *«Îmi este atât de drag acest om că pe măsură ce stau mai mult lângă el, îmi devine mai drag, încât că mi—e frică de ceea ce se va întâmpla cu mine când va trebui să plec. Nu mai vreau să sufăr; când te—ai îndrăgostit nu mai ești liber, iar mie nu mi s—a întâmplat asta decât o singură dată în viață, acum mulți, foarte mulți ani...»*

N—am dormit bine peste noapte, poate de emoție gândind cum am întâlnit un asemenea om, dar mă tem că el este mult prea obosit, deprimat și nu mai vrea nimic de la viață.

Pe 20 decembrie am rămas acasă amândoi, am stat de vorbă la nesfârșit, am robotit prin bucătărie, timp în care el mi—a cântat la pian... M—am trezit cu lacrimi în ochi de frumusețea momentului și armonia relației cu el, noroc că nu era lângă mine să mă vadă. Când aș mai fi făcut eu sarmale acompaniată de pian!?

L—am iubit în clipa aceea pentru toate femeile care nu l—au iubit la viața lui, dar nu i—am spus—o; i—am spus—o într—o altă seară, în mașină, când veneam spre casă.

După amiază ne–am schimbat tematica de șuetă tre-
când la poezie, mi–a citit din volumul lui de versuri apoi
am comentat. Ne–am răsfățat amintindu–ne poeziile
generației noastre de visători naivi, departe de realitățile
vieții obișnuite, dar ce beție este să te poți ridica deasupra
lumii zburând cu aripi imaginare într–o simfonie spația-
lă, în afara timpului.

I–am recitat ce mi–am mai reamintit din poeții noș-
tri și străini, când s–a arătat încântat să mă asculte, aș
spune chiar că a fost impresionat.

Fiecare zi petrecută cu el s–a desfășurat într–un spa-
țiu numai *al nostru*, respirând un aer încărcat cu densita-
tea vibrațiilor extrem de puternice dintre noi doi.

Acolo și atunci, în acele clipe, eu am fost el.

Ne interceptam gândurile unul celuilalt, ne grăbeam
împiedicându–ne unul de altul de câte aveam a ne spune,
continuam o idée începută de celălalt, ne–am speriat la
un moment dat de perfecta comunicare, dar și brambu-
reala ideilor noastre interpătrunse.

Seara am mers cu el la doctor pentru un control al
operației lui de la genunchi, timp în care m–am plimbat
puțin prin mall–ul din orășel la «gură cască». Ce bine îmi
este lângă el, nu pot mă înțeleg fiindcă este ca o legătură
dintotdeauna *acolo*, când te întrebi la un moment dat de
ce cauți tu în America și el în Austria?

Dalai Lama spune: «*Să crezi în dragostea la prima
vedere*». Asta să fie dragostea mea târzie, ultima
zvâcnire?

Așteptându–l în foaierul doctorului său am simțit
nevoia să scriu în carnețelul meu din poșetă ca să nu
cumva să uit trăirile acestei seri: «*Îți mulțumesc Doamne*

pentru ziua asta! Se spune că trebuie să mulțumim lui Dumnezeu pentru cel puțin cinci lucruri primite într– o zi; eu am mulțumit pentru unul singur care face cât cinci. Mi–este așa de bine!»

M–am uitat la calendar să număr zilele, rămăseseră: 21, 22, 23, 24, 25, 26, 27, 28, 29, 30, 31 și 1 ianuarie, 2007; pe 2 ianuarie trebuia să plec spre Bruxelles, mai aveam deci 12 zile.

Cum aș fi putut să le fac mai lungi?

Pe 21 decembrie am făcut împreună un tur la magazinele din apropiere căutând ceva pentru Alex și Johan. Mergând pe stradă, agățată de brațul lui, mi–a fost așa de drag de el că mi–a venit să–l sărut pe obraz și am făcut–o. Mi–a spus că nu–i place să fie sărutat pe stradă, deși sunt tonică pentru el și se simte foarte bine în preajma mea. Oare?

Am încercat o schiță de portret, cam în douăzeci de minute, care a ieșit mulțumitor pentru cât de mult timp nu mai pusesem mâna pe creion. În grafica de care mă ocup nu mai fac desene de mână de mulți ani.

N–a făcut niciun comentariu dacă i–a plăcut sau nu, a rămas fără expresie, precum Buda în vitrină sfredelindu–mă cu ochi lui magnifici. L–am rugat să–și scoată ochelarii și abia atunci am văzut mai bine ce a apărut din spatele lentilelor: două safire uriașe de un albastru foarte intens și o adâncime în care îți venea să te tot duci până la a te pierde! M–au hipnotizat pentru o clipă și m–am scuturat de ceea ce am simțit privindu–i prea îndelung. Cum de nu–i ghicisem până atunci prin lentilele ochelarilor?

Am stat la TV pe canalele românești până târziu schimbând impresii și bucurându–ne de faptul că fiind împreună avem atâtea a ne spune. Ce întâlnire...

Pe 22 decembrie am plecat amândoi la un restaurant unde comandase să i se pregătească prăjituri, cârnați afumați, mititei și fursecuri de luat acasă pentru Crăciun.

I–am spus că eu nu mănânc sarmale decât dacă știu ce s–a pus în ele, deci le voi face eu.

La supermarketul unde am făcut târguielile atâta ne–am foit că am uitat acolo tocmai carnea pentru sarmale și afumătura; fiind emoționați amândoi ne–am zăpăcit de tot.

Tensiunea dintre noi creștea progresiv cu fiecare zi petrecută împreună.

S–a manifestat când mulțumit, când nervos, uneori bizar, tăios și crud, poate din cauza singurătății îndelungate și a temerii că bătrânețea îl va răpune curând, nu știu și n–am înțeles. M–a ținut între dușuri când reci, când fierbinți și eram stresată ca să nu cumva să greșesc ceva în casa lui; mă simțeam prinsă ca într–o menghină. Îmi transmitea nervozitatea lui și mă comportam stângaci și ridicol.

Ei uite și tocmai de atâta grijă am spart un borcan mare cu muștar pe podeaua imaculată din bucătărie, alunecându–mi din mâna pe care aveam o mănușă de cauciuc.

Mi s–a oprit inima și am înghețat de spaimă că va face o criză și mă va trimite pachet, înapoi peste ocean! A venit însă și a curățat atent cioburile de sticlă împreună cu mine, fiindcă eu adunasem doar muștarul împrăștiat peste tot. Am râs amândoi, iar eu i–am cerut iertare sărutându–l. Îmi venea să–l sărut tot timpul de bucuria că–l am alături, dar mă temeam de faptul că uneori părea așa de ursuz și rece, că greu puteai să traduci reacțiile.

Am ieșit pentru o plimbare și câteva alte mici cumpărături, am căutat printr–un magazin, eu umblând după un portofel mic să–l înlocuiesc pe cel pierdut la Londra, apoi ceva cosmetice, el la fel. Şi–a ales un parfum pentru el, eu mi–am găsit o oglindă mică de voiaj şi am mai cumpărat un şal prietenei Alex. Bogdan a plătit totul ca să fie pentru cadourile pomului de Crăciun; ajunşi acasă şi–a dat seama că a uitat parfumul lui pe tejgheaua magazinului.

Era clar că aveam amândoi mintea plecată în vacanţă, mai înainte carnea, acum parfumul lui...

Pe 23 decembrie a trebuit să mă apuc de sarmale, având invitaţi la el pe Alex cu Johan.

Am început pregătirile în bucătărie, iar el a plecat după carne, frunze de viţă şi de varză acră.

Ne–am petrecut toată ziua amândoi în bucătărie, eu bucătar şef, iar el «ajutor de cucoană», dar ce ajutor! A fost o încântare, am cântat amândoi romanţe vechi de care ne–am mai adus aminte, mi–a spălat scumpul de el toate vasele apoi şi–a pus rufele la maşină şi ne–am sincronizat la treabă de parcă eram împreună de când lumea. După ce am pus sarmalele la fiert m–am aşezat pe covorul din sufragerie să mă relaxez cu picioarele ridicate pe braţul unui fotoliu, când el m–a privit drăgăstos mângâindu-mă. M–am ridicat şi ne–am mutat pe canapele să privim la TV şi să stăm de vorbă.

Mi–a fost atât de bine în atmosfera aceea de ajun de Crăciun, cu miros de sarmale şi cu muzica pusă în surdină, încât m–am simţit din nou copil. Parcă devenisem parte indestructibilă din el şi m–am bucurat în taină de acest miracol.

Cu fiecare zi relaţia noastră se armoniza şi încercam să nu mă gândesc că va trebui să plec.

Ce puţin ne trebuie ca să fim fericiţi când totul curge de la sine precum o apă limpede!

A venit și 24 decembrie, ajunul de Crăciun.

Ne–am sculat târziu, am revizuit toată casa să fie în ordine, am controlat sarmalele și am stat la TV pe posturi românești, apoi în conversații nesfârșite. *Cu acest om aș avea ce vorbi și după moarte....*

Mă tot întreb cum m–a detectat el într–o singură zi de mers în același autocar și luat prânzul la un restaurant, undeva pe o colină înverzită din Europa.

Înainte de a mă îmbrăca pentru seară, m–a așteptat să mă machiez, apoi am plecat în camera mea să mă îmbrac. M–a pândit până a crezut că sunt gata și m–a chemat să vadă cum arăt. Îmbrăcase un pantalon negru de smoking cu o cămașă imaculată de mare gală, urmând să–și pună doar haina. A dispărut în dormitorul lui și a apărut cu o haină de culoare vișinie de o calitate unică, exact în culoarea rochiei mele, cu papillon la culoare, iar eu am înlemnit privindu–l: arăta ca un profesor universitar de la Cambridge gata pentru ceremonia de înmânare a premiului Nobel și i–am spus–o.

Cu părul lui superb alb–argintiu și des ca o perucă, cu ținuta impecabilă, cu farmecul lui de invidiat, l–am iubit din nou în taină, dar speriată.

Mi–a spus că n–a mai îmbrăcat smokingul de la căsătoria băiatului său acum zece ani și asta m–a bucurat sperând că a făcut–o pentru mine și pentru *grandioasa* noastră întâlnire (de gradul trei!?). Cred că în seara aceea arătam amândoi ca o pereche, sau așa am simțit eu.

Au venit Alex cu Johan, am luat masa împreună, ea s–a îmbrăcat în Moș Crăciun, ne–a scos darurile dintr–un sac, ne–am făcut poze și am schimbat cadourile între noi.

Johan s–a așezat din nou la pian și ne–a oferit o altă seară muzicală sublimă, cu cântece de Mirabela Dauer neştiute de mine, cu altele spaniole, cântece de tot felul.

Ajunul acela a fost elegant şi intim, aşa cum trebuie să fie o seară de Crăciun în familie, iar Alexandra cu soţul ei au făcut totul pentru ca eu şi Bogdan să ne simţim mai mult decât bine.

Spre sfârşitul serii a sunat telefonul când el a rugat–o pe Alex să răspundă. Era *prietena* din România care avusese un accident de maşină. El a refuzat să meargă la telefon transmiţând prin Alex că are musafiri, dar i–am surprins încleştarea pe faţă, a fost impresionat şi i–a căzut prost; dar mie?

Pe 25 decembrie, prima zi de Crăciun, am fost invitaţi la Alex care a făcut o masă în cinstea mea. Au venit şi fetele lor, o familie de polonezi (el profesor de pian la conservator, soţia chitaristă), alta de sicilieni. Nişte greci invitaţi la petrecere nu s–au arătat dar nici nu s–au scuzat, că de, aşa «este» grecii...

Musafirii s–au întrecut în a cânta, unii mai bine decât alţii, dar când s–a aşezat polonezul la claviatură, sicilianul la ghitară şi nevasta lui Giovanna cu vocea, totul a devenit o seară de adevărat spectacol. Carmelito a adus din maşină un caiet gros cu cântece vechi italieneşti ştiute de noi toţi care ne–a stârnit, cântând fără oprire cu bucurie şi entuziasm adolescentin.

M–am simţit ca în studenţie când toţi cântam la petreceri sau când răsunau sălile la spectacolele de amatori date de noi. Bogdan îmi spusese că a făcut liceul de muzică, cântase la pian, avusese şi o voce bună pe care şi–a pierdut–o, deşi mie mi se părea şi acum că are un timbru deosebit al unui cântăreţ bun.

Poloneza ne–a fredonat un duios cântec de leagăn cu voce şi chitară, acompaniată de soţul ei la claviatură, noi am cântat colinde româneşti, iar sicilienii de–ale lor ca, apoi noi cu sicilienii *(dei fratelli)* cântece italieneşti cunoscute, ca să încheiem ziua de Crăciun aşa cum nici nu visasem! O seară plină... cât o lună de fericire!

Ne–am întors acasă, eu înălţată până la al şaptelea cer când l–am îmbrăţişat entuziastă pe Bogdan, care a rămas înţepenit şi absent! M–am simţit... în plus.

Ne–am dus fiecare la culcare, iar a doua zi, pe 26 decembrie, am stat în casă ascultând muzică, întinşi pe canapelele din sufragerie, unul la capul celuilalt într–o *«lene fericită»*, dar cu gândurile mute ale fiecăruia rătăcind, meditând poate la acele clipe unice, clipe pe care ştii sigur că nu se mai pot repeta şi le–ai dori acolo pe veci, încrustate în timp.

Pe 27 decembrie a venit Ruxi, fiica lui Alex şi Johan, cu care am ieşit în oraş cu gândul să caut şi eu un cadou pentru mama ei, care făcuse atât de multe pentru mine.

Ne–am preumblat toţi trei prin toate magazinele din orăşelul frumos ca dintr–o ilustrată, Bogdan şi–a recuperat parfumul uitat (numai la nemţi mai poţi găsi ceea ce ai uitat pe tejghea cu patru zile înainte!), după care am intrat într–un restaurant chinezesc să ne odihnim şi să mâncăm după aproape şase ore de umblat.

Ruxandra a fost o prezenţă care m–a cucerit de la prima vedere; super–deşteaptă, fermecătoare şi matură în gândire, iar toţi trei am fost într–o comunicare şi dragoste de parcă eram o familie. Alex, mama fetei, mi–a spus că fata seamănă cu mine în poza de când eram tânără!?

Ne–am dus la gară să–mi cumpăr pentru biletul de tren pentru Bruxelles, ceea ce mi–a amintit din nou de timpul care nu iartă, plecarea mea fiind tot mai aproape.

Mi s–a făcut rău de la mâncarea chinezilor care sunt sigură că avea *msg*, iar acasă m–am lungit în pat; uitasem că sunt sensibilă la anumite mâncăruri şi nu trebuia să ating sosurile chinezilor. Bogdan a fost foarte grijuliu să–mi dea nişte calmante, după care a cam ţipat la mine că nu vreau să–l ascult să iau ce–mi spune, el ştiind mai bine ceea ce trebuia făcut.

Am rămas în pat în camera mea până când, la un moment dat, el a dat buzna, s–a repezit la mine scuturându–mă de umeri, începând să strige că sunt prea deşteaptă(???), că–l complexez, că şi el este emotiv şi sensibil, că prezenţa mea l–a răscolit, dar rămâne credincios relaţiei lui din România, etc, etc...

A fost o explozie oribilă şi fără niciun sens, dar un semnal că stă prost cu nervii. Cine mă invitase acolo şi de ce?

M–am gândit dacă nu cumva l–a stârnit telefonul de la *prietena* din România care precis îl sunase să–l felicite pentru Crăciun şi apoi să–i spună de accident.

A început să mă rănească cu faptul că arăt prost şi trebuie să mai slăbesc, era ca un om ieşit de sub control, care tot căuta orice motive să taie adânc, cât mai adânc, ca să se scape el cumva de nejustificata lui comportare. I–am spus că este un tiran.

Mi s–a făcut şi mai rău, mai ales că eram deja bolnavă de la mâncarea chinezilor, am simţit cum mi–a băgat o sabie în stomac şi mi s–a redeschis ulcerul. *Ieşise din el* de parcă s–ar fi justificat că nu a putut fi mai tandru cu mine, ceea ce chiar că n–am mai putut digera.

Discutasem înainte o mulţime despre doi oameni trecuţi de prima tinereţe, despre faptul că relaţiile intime sunt o continuare sau completare a unei iubiri care se naște spontan, fără a o alege, dar nu sunt esențiale. Ne făcusem multe confidențe despre trecutul fiecăruia, iar eu credeam că ne simțim la fel de bine în orice circumstanțe, ca doi oameni înțelepți la vârsta a treia.

Orgoliul bărbatului din el «a dat pe dinafară» sau poate s–o fi speriat și el, ca și mine, de ceea ce începuse să se lege foarte puternic între noi și căuta o tainică ușă de ieșire...

Nu asta îi mai trebuia la peste șaptezeci de ani! Mie... cu atât mai puțin...

N–am mai dormit toată noaptea, am avut dureri sfâșietoare de stomac și ficat, iar inima mea se făcuse țăndări sub vorbele lui tăioase și grele. Nu mă puteam împăca cu mine cum a fost posibil ca să–mi cadă «cu tronc» un om care lovește numai ca să scape din cleștele spaimei că energia crescând între noi îi scapă de sub control.

Misogin? Maniac depresiv?

M–a ținut sub observație în toate zilele ca pe o insectă sub un clopot de sticlă pentru studiu și evaluare. Am fost permanent în tensiune, extrem de emoționată în prezența lui, pe de o parte adorabilă, dar pe de alta... despotică.

Mi–era drag, dar îl și detestam în mod egal la acel moment. Este un paradox personificat, iar cu criza aceea atenuase mult intensitatea forței cu care mă atrăsese inițial către el.

Rațional îmi doream să mă scot și îndepărta de vortexul energiei lui periculoase care *controlează*, poate chiar se amuză de efectul avut asupra celorlalți.

Atunci am crezut că voi muri de durere. Îmi reproșam în sinea mea că nu mă putusem abține de a fi eu însămi, să fi stat rezervată şi rece; îl îmbrăţişasem drăgăstos de câte ori mi—era pe aproape, i—am tot făcut complimente fiindcă aşa am simţit, iar el s—o fi speriat de felul cum m—am declanşat după ani de însingurare de la moartea soţului meu, ca să mă împiedic tocmai în propriile mele sentimente. Crudă lecţie!

M—am refugiat în tăcere, dar în momentele acelea el a pierdut mult din ceea ce se înfiripase în sufletul meu. Parcă aruncase peste mine o găleată cu apă rece care m—a stins!

Pe 28 decembrie ne—a chemat Johan la ei să vedem nişte filme bune. Mă simţeam încă foarte rău, dar am mers cu plăcere ca să mai spăl suferinţa ce—mi afectase cumplit *chakra* a treia. Am văzut filmele *Bona Vista* cu muzică cubaneză şi *Tango*, cu muzica şi dans argentinian, înregistrate chiar din concerte şi mi—am mai bandajat rănile.

Am tăcut pe tot timpul serii cât am luat masa la ei şi totuşi Bogdan a mai făcut o criză că nu i—am dat lui şansa să spună ceea ce ar fi avut de spus, nici n—am înţeles la ce se referea, dar nici nu i—am mai răspuns. Am ignorat reacţia lui înţelegând clar că are probleme serioase de instabilitate nervoasă şi că la el procesul de îmbătrânire va fi dezastruos; reacţia bărbatului care şi—a pierdut tinereţea, vigoarea.

S—a comportat ca un maniac depresiv şi asta a fost un semnal de alarmă pentru mine.

Pe 29 decembrie el a vrut să facem alt rând de sarmale pentru a le duce la locul unde fusese invitat de revelion, iar eu m—am oferit să mai fac şi o plăcintă. Am plecat amândoi la cumpărături, la urmă ne—am dus la turci să luăm foi de viţă, foi de plăcintă, verdeţuri şi brânzeturile necesare.

Venind acasă am desfăcut totul, mers în bucătărie să încep pregătirile. Când mi—am scos jacheta am observat că pierdusem din ureche un cercel cu diamant. I–am spus că probabil mi–a căzut când ne–am întâlnit cu Alex în magazin și ne–am îmbrățișat, dar nu–mi mai părea rău fiindcă la cât de mult am pierdut în viața mea, asta nu mai conta!

Tocmai pierdusem la Londra un altul cu citrine, eram deci în pierderi planificate!

Bogdan a sunat imediat la magazinul turcului rugându–l să caute cercelul; «să caute acul în carul cu fân», mi–am zis eu. Evident că bietul om cumsecade a promis că o va face și–l va suna dacă–l va găsi. El n–a avut răbdare și a decis pe loc să plece la magazin, destul de departe de noi, să–mi caute cercelul.

A dispărut pe ușă ca o nălucă că nici n–am avut timp să–l conving să renunțe.

Am intrat în bucătărie să–mi văd de treabă. Cam după o oră am auzit ușa la intrare și am ieșit să văd ce–a făcut.

– Nu l–am găsit, mi–a spus el încruntat și nervos în timp ce–și scotea mantoul.

– Știam, ți–am spus să nu te duci înapoi să mai pierzi vremea!

După două secunde mi–a pus în mână cercelul meu cu codița puțin îndoită, când am fost gata să leșin. I–am sărit de gât să–i mulțumesc, l–am sărutat din nou uitând de reacția lui din ziua anterioară și de faptul că el rămânea înțepenit la îmbrățișările mele complet nevinovate.

– Cum l–ai găsit, vrăjitorule, l–am întrebat.

– Am făcut două ture prin magazin exact pe culoarul unde căutasem telemeaua și unde podeaua era plină cu noroi și zăpadă, dar nu am zărit nimic la început, apoi *am simțit «ceva» care m–a atras* să continui și atunci m–am aplecat să mai caut atingându–l chiar înainte de a–l vedea, mi–a răspuns el. *A fost energia ta, înmagazinată în acest cercel, care m–a atras să–l găsesc* în aşa fel încât nici eu nu pot crede că a fost posibil. Turcul din magazin a rămas perplex când i l–am arătat.

Am fost din nou uluită de legătura puternică dintre noi, materializată şi prin această întâmplare; filonul energetic există acolo şi de vrem şi de nu vrem noi să recunoaştem.

Mi–am terminat sarmalele cu preţiosu–i ajutor, iar simpla lui prezenţă îmi aducea o adiere de bine. Ne–am coordonat totul în tandem aşa încât că am terminat destul de repede după care ne–am aruncat pe canapele să stăm la TV şi să ascultăm muzică.

Am văzut un interviu al nepoatei lui Mociorniţă, o femeie de o remarcabilă inteligenţă şi nobleţe, bucurându–mă că el este foarte sensibil la femeile deştepte, ceea ce bărbaţii nu prea admiră. Fiind şi el un bărbat strălucitor şi cult, n–ar fi avut de ce să–i fie teamă de femeile care gândesc; numai cei mediocri intră în panică în preajma unei femei superioare fiindcă n–o pot cuprinde.

Mi–a pus muzică, am aprins trei lumânări aşezate la fereastră în nişte suporţi sofisticaţi de Murano, după care ne–am aşezat tăcuţi pe canapele, unul la capul celuilalt, împreunându–ne mâinile peste capetele noastre, şi plecând fiecare pe norii lui de vise.

Momentele acelea mi–au anesteziat toate durerile, mi l–au aşezat pe acest om direct în inimă inhalând lacom ceea ce emana dinăuntrul lui către mine.

Ce se întâmplase cu mine de nu–i mai puteam lăsa mâinile dintr–ale mele, să i le mângâi, să–i admir ochii lui captivanţi ca două imense faruri albastre? Ce trăiri... am fost ca în transă și știu că am fost plecați amândoi pentru un timp într–o aceiași călătorie în infinit.

I–am spus că i–aș scoate ochii să–i transplantez la mine și m–a privit cam «într–o dungă», rămânând mut, în timp ce eu mă întrebam ce se ascundea sub impenetrabilele lui tăceri.

N–aș fi vrut să–mi răspundă și bine că n–a o făcut–o că ar fi fost cinic, platoșa lui de apărare.

Am comunicat prin tăceri mai bine decât prin vorbe, fiindcă fiind repeziți amândoi, ne tot intersectam gândurile unuia cu ale celuilalt și ne trezeam rostind aceiași frază dintr–odată. *Parcă vorbeam unul prin duhul celuilalt.*

Am scos sarmalele din cuptor, el a spălat toate vasele, a strâns în bucătărie tot, ca un înger și ne–am dus la culcare. L–am iubit în gând și am adormit târziu udând perna cu lacrimi.

Pe 30 decembrie m–am sculat la cinci dimineața fără motiv. M–am dus la baie să mă spăl pe dinți, am băut apă și am încercat să adorm din nou când am avut un vis tot cu EL.

Mă prinsese în mrejele lui ca o caracatiță.

Mai aveam trei zile...

Mi–a venit în minte cântecul «*Dor de răzbunare*»:

«Aș dori din piept să scot
Inima cu dor cu tot
Și s–o pun în pieptul tău,
Ca să simți precum simt eu
Și–aș voi să rămân mut
Vocea mea să–ți împrumut
Ca să simți și tu cu ea
Ceea ce s–ascult aș vrea!

Şi atunci nesimţitor
Să resping al tău amor
Şi să fac precum faci tu
Tu să plângi, eu să spun NU!»

I l–am cântat mai târziu în bucătărie când am pregătit micul dejun împreună.

N–a scos o vorbă, m–a privit ţintă hipnotizându–mă cu albastrul fascinant şi adânc al ochilor săi imenşi.

A venit şi 31 decembrie.

Ne–am speriat amândoi cum au trecut zilele. Am simţit că începuse să–l preocupe şi pe el plecarea mea şi i–am spus:

– Lasă, că vei simţi tu lipsa mea după ce voi pleca, cu toate necazurile pe care pretinzi că ţi le–am pricinuit. Vreau să cred că umbra mea va mai bântui o vreme prin casa ta, destul ca să–ţi amintească de *«timpul nostru»* aici.

–O da, va rămâne un gol imens după plecarea ta şi cred că mă voi simţi tot atât de singur, cum a fost după plecarea băiatului meu, când s–a însurat.

Aha, mi–am zis eu, asta înseamnă «ceva» dacă plecarea mea poate egala pierderea unicului copil, pe care sunt convinsă că–l iubeşte, dar nu–i arată nici lui. Aşadar inima lui nu este chiar de hârtie (*tu, corazón de papel no entiende l'amor*), dar nu–şi iese din el, sau s–a temut de momentele mele de tandreţe, sau... cine ştie ce altceva... frica de bătrâneţe, de Alzheimer?

Doi oameni maturi şi singuri, fără obligaţii, fără interese de vreun fel, fără contracte, ar putea să–şi petreacă împreună o viaţă de invidiat, să stea el la mine un timp ca să facem turul Americii, să merg eu la el, să călătorim prin lume, să ne bucurăm de ultimii ani ai vieţii, dar el rămâne rezervat şi «ataşat» ipotetic de nişte strigoi care... mă întreb dacă există cu adevărat decât în imaginaţia lui rătăcitoare.

Cred că unul dintre aceşti strigoi este *frica* lui de orice relaţie solidă cu cineva.

Ceea ce intuiesc acum ar fi că pretinsa lui *legătură* din România implică trei ipoteze:

1. Poate avea acel sentiment de vinovăţie faţă de femeia căreia... poate i—a stricat viaţa la un moment dat, în trecut, când nu a rupt căsătoria cu nevasta din cauza copilului şi a intransigenţei lui morale moştenite prin educaţie. Poate!?

2. Ar putea avea un alt copil făcut în taină cu acea femeie, care poate fi căsătorită la acest timp şi tot aşa de posibil ar fi ca soţul acesteia să ştie şi accepte situaţia pentru cine ştie ce motive (materiale mai ales, bănăţenii fiind renumiţi pentru avariţie).

3. Ea este singură şi atunci merge acolo să—şi aşeze capul în poala ei aşteptându—şi porţia de alintări, iar ea «darurile» vărsându—i nişte declaraţii patetice.

Altfel pentru cine să ţii două apartamente în România, o vilă la munte şi o maşină pe care o conduci o dată pe an? Poate că maşina a fost cumpărată pentru *prietena* lui şi de aceea ea a sunat când a avut accidentul de Crăciun, iar el s—a făcut verde.

Pot fi adevărate sau nu presupunerile mele, dar este cert că el nu mai doreşte acum decât să—şi ofere clipe frumoase până va intra în uitare sau va părăsi această dimensiune. Cum nu mai poate construi un întreg face totul din bucăţele. Este oricum un om foarte nedecis, ciudat din natura lui şi... viclean.

Eu nu pun întrebări, nu judec, căutam doar pentru mine o explicație a comportării lui greu de înțeles. Nu o mai caut.

Mi–a spus că *prietena* lui din România a fost frumoasă și ce–i cu asta?

Și mie mi s–a spus că am fost frumoasă când eram tânără, dar nu am aflat un bărbat care să mă întrețină și adore numai pentru asta, să fim serioși! Nu iubești o femeie toată viața numai pentru că a fost frumoasă! Trebuie să mai fie și altceva acolo, niște legături tainice, niște obligații, așa cum simt eu și cum ți–am spus mai înainte.

Motivul pentru care sunt plină de semne de întrebare este: de ce nu s–a însurat cu *doamna inimii lui* după moartea soției, ceea ce era cel mai normal, nu? Fiindcă ea se căsătorise între timp?

Ceva ascunde el, poate fi chiar și numai teama lui de femei. Misogin?

Pentru seara de An Nou am făcut doar plăcinta după care m–am odihnit. Bogdan, repezit cum este, nu și–a putut ține gura dând imediat telefon la gazde să le spună că mai aduce o surpriză pe lângă sarmale.

S–a tot învârtit pe lângă tava cu plăcintă mâncând de pe margini ca un copil și nu s–ar mai fi îndurat să ducem tava la masa unde eram invitați. Are uneori ceva așa de copilăros în comportare că atunci devine adorabil! Seara, ne–am îmbrăcat și dichisit amândoi, el în smokingul lui impecabil, eu într–o rochie lungă de seară cu haina de nurcă, a luat un sac cu petarde pentru miezul nopții, haine comode de schimb pentru el și am plecat să–i luăm pe Alex și Johan. La ei am încărcat claviatura electronică, alte cratițe, torte, peste sarmalele și plăcinta noastră, ca la români. Portbagajul BMW—ului Station era ticsit cu mâncare de parcă plecam într—o expediție pe Everest, iar Johan cu Alex au stat unul peste altul cu claviatura electronică printre ei; a fost ca—n filmele cu Stan și Bran. Bogdan a condus vreo 80 km pe o vreme oribilă cu ceață și burniță, dar odată ajunși la locul petrecerii ne— am revenit cu toții, s—au făcut cunoștințele, s—a destins atmosfera dintre noi cu poveștile fiecăruia.

Cum eu nu știam pe nimeni dinainte, m—am prezentat, ne—am adunat la un bar unde plăcinta mea a avut mare succes, apoi s—a trecut în salonul uriaș pentru masă și pregătirile de întâmpinat Anul Nou, cu farfuriile și paharele pline.

Atâta jaf de mâncare numai la români poți vedea!

Unde te duci parcă suntem toți scăpați de la foamete, sau murim de spaima să nu rămânem flămânzi; așa am pățit și la Paris și la New York și la Toronto și în Grecia și în Italia! Să vină ei în America să vadă cum la o asemenea aniversare oamenii aduc mai nimic, sau niște gustări cu șuncă afumată cu ananas și sosuri dulci care îți rămân în gât!

Am sărbătorit Anul Nou de două ori: o dată pentru România și a doua oară pentru Austria. Am ieși afară la aprins petarde, ne—am îmbrăţişat cu toţii şi ne—am bucurat, eu poate cel mai mult. El a fost din nou nervos că nu—şi găsea bricheta (ce mi—o dăduse mie în grijă) pentru aprins artificiile. Parcă îşi căuta motive de enervare din orice, ceva îl rodea pe dinăuntru, ceva neînţeles de mine. Era agitat.

În sala mare de banchet, unde doctorul gazdă avea un pian şi instalaţii stereo pentru muzică, s—a deschis claviatura electronică al lui Johan, care s—a aşezat să ne cânte.

Toată lumea s—a aruncat la dans, apoi stăpânul casei a trecut la «româneşti», m—au păcălit chiar şi pe mine să cânt cu ei, chiar de mi—am pierdut vocea de odinioară, Bogdan şi—a aruncat pantofii dansând în ciorapi uitând de genunchiul operat. Atunci mi s—a părut că s—a dezlănţuit fiindcă se simţea bine sau... a fost doar o descărcare nervoasă. Oricum eu am fost fericită să—l văd jucându—se astfel, măcar părea eliberat de strigoii ce—l vizitează din când în când.

L—a sunat băiatul lui să—i spună «La mulţi ani» când am tresărit de bucurie pentru el.

Am plecat spre casă după patru dimineaţa şi după ciorba de potroace şi cafele, lăsând mesele pline cu mâncare şi cu regretul că nu mai puteam continua; eram obosiţi cu toţii. Doctorul gazdă i—a spus când ne—a condus la maşină:

— Măi Bogdane să nu îndrăzneşti să vii aici anul viitor fără această doamnă, m—ai auzit?

Ne—aţi făcut o mare bucurie, doamnă Isabella!

Vă mulţumesc pentru vizita dumneavoastră şi vă aşteptăm anul viitor de Anul Nou şi Sf. Ioan, când toţi prietenii vin la mine, spuse găzdoiul simpatic foc.

După câteva zile vor sărbători Sf. Ion, toată gașca de medici români care se aflau în zonă, unii veniți la schi, alții să se bucure de întâlnirea cu foștii colegi.

Era deja 1 ianuarie, iar eu trebuia să mă pregătesc pentru plecarea spre Bruxelles a doua zi.

Ne–am odihnit.

După amiază l–am rugat să–mi pună discurile Mirabelei Dauer primite de la Alex și altele de la el. Ne–am lungit, unul la capătul celuilalt pe cele două canapele, când eu am căzut din nou în transa în care m–au pus emanațiile energetice transmise de mâinile lui, care le cuprinseseră pe ale mele pe deasupra capetelor noastre.

Nu degeaba îi spusesem eu că are mâini vindecătoare! Fusese un mare chirurg la viața lui.

Am petrecut ore lungi într–o tăcere vrăjită, când singura lumină din cameră venea de la lumânări, ascultam doar muzica, eu cu ochii umezi, iar el cu gândul colindând lumile lui neștiute și tulburi. Atunci am văzut trecând peste chipul lui o ceață abia perceptibilă, care mi–a arătat masca bătrâneții, umbra cenușie a renunțării, a omului răpus.

Părea foarte obosit, predat.

Am auzit–o pe Mirabela pe CD, ca un cântec de lebădă și am simțit fiecare celulă din trupul meu încărcându–se cu mireasma amăruie a acelor clipe.

Pentru asemenea trăiri nu există vorbe, au existat numai spațiile mute prin care pluteam noi doi licărind ca niște stele obosite pe drumul către niciunde, dincolo de care... n–a mai fost decât uitarea de sine.

Pe 2 ianuarie ne–am întâlnit privirile la cafeaua de dimineață, precum în *Déjeuner du matin* al lui *Jaques*

Prévert, dacă îți mai amintești poezia, numai că perso-
najele ar fi inversate, eu eram cea care pleca, cu ritmul
încetinit, trăgând de timpul bine știut al ultimelor clipe
dinaintea unei despărțiri:

> «*Il a mis le café*
> *Dans la tasse*
> *Il a mis le lait*
> *Dans la tasse de café*
> *Il a mis le sucre*
> *Dans le café au lait*
> *Avec la petite cuiller*
> *Il a tourné*
> *Il a bu le café au lait*
> *Et il a reposé la tasse*
> *Sans me parler*
>
> *Il a allumé*
> *Une cigarette*
> *Il a fait des ronds*
> *Avec la fumée*
> *Il a mis les cendres*
> *Dans le cendrier*
> *Sans me parler*
> *Sans me regarder*
>
> *Il s'est levé*
> *Il a mis*
> *Son chapeau sur sa tête*
> *Il a mis son manteau de pluie*
> *Parce qu'il pleuvait*
> *Et il est parti*
> *Sous la pluie*
> *Sans une parole*
> *Sans me regarder*

Et moi j'ai pris
Ma tête dans ma main»

Et j'ai pleuré. L–am simțit afectat de plecarea mea. Trăiam amândoi acel: *Partir c'est mourir un peu!*

Am plecat de acasă mai devreme să–mi arate catedrala, unde era pe sfârșite slujba de duminică. Spre surprinderea mea s–a dus mai în spate, s–a așezat pe o bancă și–a luat capul între mâini, când l–am văzut plecat într–o meditație adâncă pe fondul muzical al orgii și glasurilor slujbei.

În clipa aceea mi s–a părut «*mai uman*», mai puțin bântuit de fantomele ce–l viziteaza, sau de teama celor care vor veni, precum Goya, căutând Dumnezeirea.

Am intrat în gară, m–a dus la tren, l–am îmbrățișat mulțumindu–i pentru tot.

I–am privit încă odată ochii sublimi cercetându–mă din spatele ochelarilor; m–am scufundat în turcoazul lor cristalin și acolo am rămas. Nu s–a arătat nicio emoție în privirea lui de gheață.

Am urcat în tren doar stafia mea căutându–i chipul printre oamenii rămași pe peron și l–am zărit citind o placardă; l–am mângâiat imaginar cu privirea mea aburită de lacrimi când trenul a plecat din stație. Eu rămăsesem acolo pe peron cu el, numai trupul meu – ca un hoit părăsit de duh – urcase în vagonul de tren.

La Bruxelles m–a așteptat la gară Raluca cu fiica ei cea mare. Am stat la ea câteva zile, vizitat orașul și împrejurimile, ascultat alte concerte date de o familie de muzicieni, soțul ei cu cei trei copii extrem de talentați și cam atât. Ne–am povestit până la orele dimineților următoare, fiindcă ne revedeam după 25 de ani.

M–a sunat Bogdan când mi–a sărit inima din piept la auzul vocii lui. Raluca m–a întrebat:

– Isabella, tu crezi că ai mai putea avea inima deschisă pentru dragoste?

I–am spus că nu ştiu.

– *Nu ştii pentru că acum eşti îndrăgostită*, aşa simt eu. Te–ai întors din Austria o altă persoană decât cea pe care am condus–o la tren pe 17 decembrie.

Vai mie, chiar aşa de mult să mă fi afectat că se citea pe mine?

Am plecat la Londra de unde am luat avionul spre State. Am găsit cinci locuri goale în mijlocul avionului şi m–am întins comod să–mi fie bine în cele nouă ore de zbor. Tot drumul am refilmat cele cincisprezece zile trăite în Tirol cu o durere surdă în inimă.

Atât a fost!

Draga mea, te–am plictisit povestind ceea ce am trăit în neobişnuita mea vacanţă, dar cred că muream dacă nu–ţi făceam această spovedanie, m–am mai uşurat.

După cum vezi, n–a rămas nimic din concediul meu de peste o lună, decât acele cincisprezece zile petrecute în Austria. Dar am fost eu oare în Austria? Da de unde!

Am trăit ca într–un tunel închis care putea fi Fidji, Bali, Azore sau Las Palmas fiindcă am stat mai mult în casă la şuete nesfârşite până la doua sau trei dimineaţa, de ne cădea capul în barbă şi nu mai terminam de vorbit.

Am trăit într–un tub cu fante de lumină şi întuneric. A învins lumina!

M–am lăsat învăluită numai în energia pe care mi–a transmis–o acest om prin care am crezut că m–am reînnoit, scoţându–mă din amorţeala în care căzusem de mulţi ani de zile. Vreau să cred că şi el prin mine...

Când m–am dezmeticit i–am scris lui şi prietenilor lui câte o scrisoare, apoi pe internet.

L–am sunat să–i aud vocea, dar mi–a răspuns rece, de parcă ar fi vrut să se scape de năluca mea.

Am reascultat discurile cu muzica în care m–am scăldat la el, stând pe canapelele din living, am retrăit

momentele acelea unice, am plâns până mi s–au uscat lacrimile spălând o parte din amarul ce–l purtam în mine ca pe un copil mort. Nu le–am mai atins de atunci.

M–am străduit să reiau totul de unde am lăsat la plecare, dar nu văd în jurul meu decât pustiul şi nu–mi găsesc locul.

Mă voi întoarce la lucrurile cotidiene, numai să pot.

Îţi voi mai da de veste; acum îmi ling încă rănile căpătate în ***Bogdanotirolia***.

Te îmbrăţişez cu toată dragostea şi recunoştinţa că m–ai înţeles,

Isabella”.

– Bogdan, doctorul, a murit de inimă în martie, 2009.

– Pe Isabella am condus–o la cimitir în noiembrie 2010, după o scurtă suferinţă de cancer.

Momâia

Eram prin clasa a cincea de şcoală elementară când diriginta noastră, profesoară de matematici şi prietenă de familie, se întâlnea frecvent cu un grup de foste colege de şcoală printre care şi mama. Era o femeie calină, plină de bun gust şi foarte deşteaptă care ne făcea orele de matematici o plăcere prin modul cum ştia să ne atragă în mrejele cifrelor, aşa că toţi elevii o iubeam.

Când mama era plecată din oraş mă lăsa la ea, care, neavând copii, mai ţinea o nepoată şi colegă de clasă cu mine, ne strunea la matematici, iar eu eram foarte fericită în preajmă–i. În tinereţe fusese colegă de meserie şi prietenă cu tatăl meu aşa că eu îi spuneam „tanti Mia" în afara orelor de clasă.

Soţul ei era pentru mine „nenea Mitu", ca şi pentru nepoata ei Milica; un tip cam necioplit, profesor de „limba sport", cum spuneau în derâdere elevii fiindcă nu excela în inteligenţă, nici în maniere. Prezenţa lui în casă era marcată prin adusul lemnelor, pus murăturile toamna, diverse reparaţii la casă, cărat fel de fel de pachete şi nesfârşitele antrenamente ale elevilor de la şcoala lui sau la stadion. Era dezagreabil prin glumele proaste pe care le făcea la adresa noastră, fete tinere şi timide, aşa că nu ne prea omoram noi după el.

Din când în când apărea la ei în vizită o domnişoară bătrână, o femeie mărunţică, slăbănoagă şi ştearsă, cu mutră de cuvioasa Paraschiva scoasă dintr–un calendar învechit, se foia prin bucătărie, uneori croșeta sau mai ajuta la treabă cu câte ceva. Tanti Mia o prezenta pe *domnișoara* ca fiind prietena casei și părea că o ajutase din milă să mai stea la ei uneori, neavând niciun rost pe lume. Nu era bătrână ca vârstă, dar cred că se născuse bătrână. Nimeni nu știa unde locuiește *domnișoara* în restul timpului, iar Milica nu putea s–o sufere cu niciun preț numind–o *Momâia.*

Au trecut ani și ani, noi am mers mai departe la școli superioare, apoi eu am plecat din oraș și astfel n–am mai văzut–o pe tanti Mia căreia i–am dus dorul. Când am aflat că se mutase și ea la București i–am căutat urma și am plecat s–o întâlnesc cu mare bucurie.

Locuia undeva pe strada Academiei, la primul etaj, unde am urcat cu sufletul la gură pe o scară întortocheată și veche sunând la ușă.

M–a întâmpinat aceiași dulce și senină *tanti Mia,* totdeauna binevoitoare și gata să dea din timpul ei celor pe care–i avusese sau îi mai avea elevi. Păstrase toate mărțișoarele primite de–a lungul anilor de la elevii ei, iar când mergeai în vizită era mândră să–ți arate ce mult te prețuise păstrându–ți micile daruri și amintindu–și de tine cu dragoste.

M–am așezat pe scaun lângă ea și–am început cu amintirile. Aflam că și domnișoara Bercovici, profesoara de limba română și marea mea slăbiciune, era tot în București și–i luasem adresa ca să o văd neapărat datorându–i faptul că sub îndrumarea ei luasem câteva premii la concursurile școlare.

În timp, ce ne povesteam am auzit scârțâind o ușă pe care a intrat... *Momâia!*

Nici nu cred că știusem vreodată numele ei, profesia, dacă va fi avut vreuna, legătura lor stranie și nelipsita ei prezență în casa aceea m—a făcut să mă întristez; credeam că a murit, nu—mi închipuisem că după atâta amar de ani și mutare într—un alt oraș, ea se mai afla acolo ca un blestem, agățată de tanti Mia ca o tinichea scâlciată legată la bara din spate a unei mașini de lux.

Era atât de lipsită de haz, îi atârnau ațele și tivurile la fuste, umbla ca o umbră peste tot locul și—mi producea o strângere de inimă când o vedeam. Tare nu—mi plăcea femeia aceasta!

– Dar bine dragă tanti Mia, *domnișoara* tot mai stă pe lângă voi, am întrebat eu cu amarul pe buze, gata să—mi scape porecla de *Momâia* dată de Milica și de mine pe când eram mici.

– Mi—a fost milă de ea draga mea, că n—are pe nimeni pe lume, este neajutorată și singură, nu și—a găsit și ea un bărbat să se mărite, iar la noi în casă o farfurie de mâncare în plus nu mai contează. Mi—a fost de ajutor când am fost plecată la cursurile cadrelor didactice, apoi când am fost bolnavă și ne—am obișnuit cu ea precum țiganul cu scânteia; după atâția ani pe lângă noi, aproape că face parte din peisajul casei noastre! (*„pe cine nu lași să moară, nu te lasă să trăiești"* mi—am zis eu în minte, imediat cu gândul la înțeleapta vorbă românească)

Să știi că Milica s—a căsătorit, s—a mutat la casa ei așa că pe *domnișoara* am păstrat—o aici ca pe o moștenire veche a familiei.

Spre seară a venit acasă și nenea Mitu, m—a îmbrățișat și întors pe toate părțile să vadă cum mai arăt, apoi a continuat cu povestiri despre tatăl meu, pe care eu nu—l știam bine, ei făcând parte din același grup de profesori care lucraseră în Dobrogea înainte de război.

Un timp n–am mai știut nimic de tanti Mia și fiind mult prea ocupată cu serviciul în afara orașului și aproape că am uitat de ea; îmi aduceam aminte de câte ori treceam pe strada Academiei, iar într–o zi am urcat pe scara întunecată până la etajul lor să văd dacă mai locuiau acolo. Am găsit un nume nou pe plăcuța ușii de la intrare în apartament și am plecat tristă. Ii pierdusem urma.

*

După mulți ani am mers la Brăila într–un sfârșit de săptămână unde am aflat ca tanti Mia murise de cancer, iar nenea Mitu tocmai fusese să–și viziteze vechii prieteni împreună cu *domnișoara* cu care... se însurase de curând. Cu *Momâia!?*

Am primit vestea ca o lovitură de ciocan drept în cap!

„Ce–o fi spus Milica când a aflat", m–am întrebat eu care știam ce mult o disprețuia pe *Momâia* aciuată la casa mătușii ei și dragei noastre tanti Mia?

„Ce–o fi fost în capul lui nenea Mitu și de când era în relație cu *domnișoara,* dacă nici nu a așteptat câtva timp să se mai șteargă memoria acelei drăgălașe și distinse femei care–i fusese soție? Ce–o fi găsit la acea arătare incoloră, inodoră și respingătoare... ca o sperietoare de ciori, motiv pentru care Milica o și botezase *Momâia?*

Complicat și de neînțeles rămâne sufletul omenesc!

Simbioze

Prin toamna lui 1986 stăteam la malul Hudson–ului bucurându–mă de un soare târziu ce dispersa priveliştea din faţa mea lăsând a se zări Manhattan–ul ca printr–o pânză de păianjen, cu podurile arcuite către malul New Jersey, când am auzit vorbindu–se româneşte lângă mine. M–am întors ca să văd două doamne, una tânără, iar cealaltă mult mai în vârstă, şuşotind într–un limbaj ce dezvăluia persoane educate şi nobile.

Am tresărit şi evident că n–am rezistat să nu mă apropii şi să le întreb cine sunt; în Westchester, zona cea mai sofisticată din nordul New York City–ului, nu întâlnisem încă pe cineva să comunic în limba mea. Ne–am găsit imediat subiecte comune de conversaţie descoperind că doamna cea tânără era o prezenţă încântătoare, o femeie rafinată cu rădăcini în vechea lume aristocratică a românească; tatăl fusese un chirurg bine cunoscut în Bucureşti, mama dintr–o familie boierească, cu toate rudele la Paris şi în Anglia, iar ea venise cu soţul în America, prin anii 1972. Studiase istoria în ţară, iar în State şi–a luat un masterat în computere lucrând la *AT&T,* în Manhattan, pe bani foarte buni.

S–a prezentat Alice.

După o conversaţie plăcută am făcut schimburi de telefoane şi ne–am promis a ne vedea într–o zi pentru o mai lungă şuetă, eventual să mă viziteze în Westchester, unde fugeau mai toți din Manhattan pentru aerul curat al zonelor împădurite din *Rockefeller Estate*. Ne–am transmis una alteia bio–unde foarte pozitive, iar eu am simțit–o dezvăluind o ființă rară, plină de bunătate și iubire omenească.

După o săptămâna sau două m–a invitat într–o duminică în Manhattan, unde avea un apartament situat într–o zonă foarte bună. Mi–a arătat casa aranjată cu un gust desăvârșit, plină cu mobile orientale din lemn de trandafir, cu firide tainice și atrăgătoare prin modul cum erau decorate cu obiecte de artă și cu un parfum special al prezenței ei diafane. Era fragilă și dulce, însingurată, deși nu singură și puțin speriată de oboseala provocată de munca istovitoare ce o solicita peste puterile unui om normal.

Mi s–a plâns că lucra uneori până la 3 am ceea ce o storcea de energie și nu–i mai dădea timp să se dedice familiei. Îi plăcea meseria, era absorbită de complicatele programe de computere și uita uneori cât timp „*a stat cu ochii pe sticlă*" (vorba ei).

Tocmai ieșise din spital după o operație de fiere, făcea mereu chisturi de care se temea ca vor deveni canceroase, era o mână de om răpusă de lupta cu presiunea inumana din companiile americane. Norocul ei era că lucra cu soțul în aceiași profesie, având amândoi cam același program, muncind ca roboții după cerințele patronilor, cu scopul final să–și adune destui bani pentru bătrânețe.

În timp ce noi stăteam la taifas a intrat pe ușă soțul ei; jovial, tocmai venise de la biserică, fiind un devotat catolic. A mers să mănânce ceva, apoi s–a lipit de noi și ne–am așezat toți trei la povești până s–a făcut noapte. M–am simțit așa de bine între ei doi, precum între prieteni vechi pe care îi regăsisem după mulți ani și le–am spus–o entuziastă că i–am îndrăgit de la prima vedere. Mi–au povestit pe rând cum s–au întâlnit și cum a demarat relația lor:

Alice venise în America cu ajutorul rudelor risipite pe două continente, mai ales al mătușii cu care am întâlnit–o eu prima oară în Westchester.

Fusese căsătorită cu un om care a clacat la impactul cu America, începuse să facă guverne în exil, pierzând timpul cu planuri himerice de alungat comunismul din România, dar refuzând să lucreze ceva, lăsându–i ei această grijă. Aveau mereu conflicte, ea muncind cu disperare ziua și mergând la facultate noaptea, iar el murind de plictiseală și făcând pe victima. Separarea a fost inevitabilă.

Terminând cu brio un masterat în *computer software* Alice a luat un serviciu în specialitate unde l–a întâlnit pe Ian, actualul ei soț. El fusese căsătorit și avea doi copii pe care–i susținea material și moral, cu toată înțelegerea și dăruirea ei.

Păreau fericiți, simțeai în aer armonia unei relații solide de prieteni, iubiți și colegi de meserie. Ian fusese profesor de matematici, care schimbase profesia prost plătită, cu computerele pentru care luase un alt masterat.

Când i–am întâlnit eu abia se liniștiseră cu alergatul, aranjatul apartamentului și începuseră a căuta să cumpere sau chiar să construiască o casă în nordul statului New York. Munceau foarte mult, ajungeau numai noaptea acasă, dar erau mulțumiți cu viața lor încurajându–mă și pe mine să am răbdare că mă voi aranja în cele din urmă.

M–am temut în sinea mea pentru fragilitatea Aliciei care nu era făcută pentru muncă de salahor de 12–16 ore din 24 și m–am gândit că unicul ei suport era legătura cu acest om *bun să–l pui la rană.*

Ne—am despărțit în seara aceea sperând să ne mai întâlnim, eventual la un restaurant la jumătate distanță între Manhattan și Westchester.

Eu eram mereu în căutare de alt serviciu, vorbeam din când în când cu ea la telefon, dar nu găseam timp să ne mai și vedem. Am avut multe interviuri prin America și în cele din urmă am acceptat o poziție departe de New York că altfel aș fi fost pe drumuri precum mulți colegi de meserie care au stat legați de orașul „mărului lăudat" *(big apple)* distrugându—și carierele și viața.

Am sunat—o pe Alice să—i spun decizia mea, promițându—i s—o anunț noua mea adresă. Îmi devenise foarte dragă și știam că—mi va lipsi prietenia ei sinceră și fortifiantă; în America trăim departe unii de alții la mii de mile și ne—am obișnuit cu izolarea, dar ne mai consolăm cu telefoanele; internet—ul nu era încă la îndemâna noastră în 1991, când eu am părăsit metropola lumii.

La scurt timp de la instalarea mea în centrul Americii m—a sunat Alice că va veni în orașul meu să instruiască oamenii unei companii mari în curs de mutare din New York; companiile migrau atunci părăsind Manhattan—ul, unde chiriile și întreținerea deveniseră exorbitante.

M—a sunat după ce s—a instalat la hotel și și—a aranjat programul cursurilor de predare ale unor programe noi de computere pentru personalul companiei unde lucrase ea.

Ne—am întâlnit pentru masa de seară la restaurantul hotelului unde locuia, refuzând să accepte invitația mea de merge la mine acasă să vadă cum m—am instalat. Nu avea destul timp, tipica suferință americană.

Îmi adusese cadou o trusă frumoasă de manichiură legată în piele de șarpe, după care m—a invitat să mergem împreună la cumpărături într–unul din magazinele pentru care făcuse programele la New York și unde avea 40% reducere.

Căutând printre haine și rochii pentru a ne alege ce ne–am fi dorit pentru amândouă a început să mă aducă la zi cu viața ei:

– *Am început construcția unei case superbe undeva departe, în nordul Manhattan–ului, a povestit ea, și cred că am decis bine. La cât mă simt de bolnavă și slăbită, probabil mă voi retrage cu mult înainte de vârsta pensiei ca să mă adun puțin.*

Avea atunci spre patruzeci de ani.

– *Fac mereu aceleași chisturi de care mă tem și nu cred că merită să–mi dau viața pentru bani. Avem suficient acum și Ian va mai lucra încă până vom plăti casa ca să avem și ceva rezerve pentru supraviețuit.*

La momentul când el a divorțat a trebuit să plătească mulți bani pentru fetele lui și nevastă, deci asta ne–a cam golit pungile, chiar de câștigam foarte bine amândoi.

Ceea ce mă cam sperie acum este starea lui de sănătate, adică am impresia că diabetul de care suferă avansează îi afectează memoria, potența și comportarea; mănâncă ca un animal, nu mai vrea să respecte regimul, face crize ne-justificate de gelozie, are comportări stranii pe care le–au notat toți din jur. Dacă mă voi muta cu el în izolarea din nordul statului New York mă gândesc că voi avea multe de tras și mă doare că uneori nu–l mai recunosc.

Ne–am iubit, a divorțat pentru mine, am fost fericiți însă mă tem că acum voi îmbătrâni lângă un om a cărui minte strălucită nu mai funcționează.

– Și ce vei face, am întrebat–o eu.

– Nu știu, de aceea vorbesc cu tine, caut răspunsul, dar trebuie să–l iau cu mine pe Ian, nu cred că va mai putea lucra mult timp cu mintea lui răvășită, apoi trebuie renunțat la apartamentul din Manhattan. Sunt foarte îngrijorată și nu găsesc soluția, fiindcă nici sănătatea mea nu mai este cum era.

Ne–am despărțit, dar ne–am revăzut în fiecare seară, cât a ținut cursurile de instruire salariaților, să luăm cina și să stăm de vorbă. Când a plecat mi–a dat adresă și telefonul de la casa cea nouă din nordul statului New York ca să comunicăm. Mi–a urat noroc, m–a compătimit că pot trăi în izolarea unui oraș din centrul Americii și m–a sunat imediat ce a ajuns acasă.

Vorbeam la telefon din când în când până mi–a spus că a fost gata casa mult dorită din nordul statului New York, unde a închiriat apartamentul de la parter unui individ singur ca să aibă și grijă de întreținere; ea și soțul vor mai continua să rămână în Manhattan pentru un timp. Se ducea la casa nouă în weekend, de cel mai multe ori singură, fiindcă Ian era legat de biserică ca orice irlandez catolic, timp în care sănătatea lui de deteriora continuu.

Chiriașul din casa nou construită a început să–i fie confident și prieten cumva, deși era mai mare decât ea cu vreo douăzeci și șase de ani.

Încet, încet, poate din însingurare, poate disperarea că nu se mai putea bizui pe soț– o legumă în devenire – s–a lăsat îmbrățișată de prezența *chiriașului*, devenindu–i amantă, iar relația lor se consolida cu timpul. Se simțea ocrotită, înțeleasă și relaxată ceea ce îi dădea bună dispoziție și siguranță, pe care le ghiceam în vocea ei catifelată mult mai optimistă acum. *Chiriașul* era un om cu două licențe, sofisticat și foarte cultivat, care o adora însorindu–i zilele.

A mai trecut un timp și mi–a spus că a trebuit să–l aducă și pe Ian la casa cea nouă, fiindcă nu mai putea lucra, devenise un animal care nu mai știa pe ce lume se află, când dormea câte 18 ore, când mânca o cratiță întreagă cu ce se afla pregătită în bucătărie fără a ști măcar ce are acolo, sau să mai aibă limita porțiilor. Era iresponsabil pentru viața lui și chinuia pe cei din jurul său ca orice ființă care și–a pierdut mințile.

Am întrebat–o ce va face cu Ian și cu relația începută cu *chiriașul* ei, când mi–a răspuns că va trebui să–i păstreze pe amândoi: pe soț să–l îngrijească din compasiune, fiindcă fusese un partener căruia nu–i putuse reproșa ceva, iar pe actualul prieten pentru liniștea ei și frica de a rămâne singură într–o casă ce poate deveni o pușcărie fiind atât de izolată de lume..

M–am gândit atunci că eu caut izolarea ca să mă refac, am nevoie de liniște și cotloane în care să mă ascund ca să pot medita, visa, citi, asculta muzică, n–aș mai putea trăi în zgomotul infernal al unei metropole.

– *Am ajuns să țin doi pepeni într–o mână*, ceea ce nu a fost în natura mea, continuă Alice, dar frica de singurătate pe acest pământ străin, fără rude, fără prieteni, fără vecini, fără viață socială, fără viață culturală, mă îngrozește, îmi spuse ea. Când eram ocupată cu slujba nu aveam timp decât să dorm și să mănânc, însă locuind în Manhattan aveam la îndemână spectacole, concerte, expoziții noi, chiar și magazinul de cumpărături sub blocul meu și nu—mi puneam probleme despre viața mea. Aici este frumos, natura mă încarcă cu energie pozitivă, îmi place totul fiindcă am scăpat de vâltoarea Manhattan—ului și de presiunea slujbei, însă Ian îmi este o mare povară fiindcă nu mă mai înțeleg cu el nicicum. Din matematicianul strălucit, informaticianul de excepție și soțul cald și bun a devenit materie amorfă fără memorie, fără reacții, fără simțuri, îl suspectez și de Alzheimer pe lângă pierderea celorlalte funcții normale. Nu mai este om!

Iar a mai trecut un timp. Ne scriam mesaje scurte pe internet, o mai sunam uneori la telefon și parcă o simțeam refăcută, când mai sus, când mai jos cu moralul, dar mergea înainte cu viața ei alături de *profesorul chiriaș* cu care acum îngrijea de cel care—i fusese soț cândva. Ce simbioză!?

Alice nu fusese o femeie frivolă, nu căutase o relație extraconjugală, se întâmplase pur și simplu să descopere un suflet care a îmbrățișat—o la momentul când s— a simțit cea mai singură, ca un naufragiat în mijlocul oceanului.

Într—o zi am realizat că trecuseră vreo douăzeci de ani de când n—am mai văzut—o și alți câțiva de când nu mai știam nimic despre ea.

Am sunat —o de multe ori la telefonul știut până când am găsit—o schimbată, speriată și tot singură; cei doi parteneri cu care locuise în casa construită cu atâta drag urmaseră căi diferite: Ian fusese internat la o instituție pentru pacienți suferind de demență, nemaifiind posibil să se înțeleagă cineva cu el, iar *chiriașul* ei era acum destul de în vârstă și foarte bolnav. Ea avea acum grijă de acest om care–i fusese sprijin de–a lungul anilor, care o iubise, încurajase și ajutase în momentele ei grele, dar părea că n–ar mai fi avut mult de trăit.

Un cerc simbiotic în care s–au rotit trei oameni în mod ciudat, sprijinindu–se unul pe altul, dar ea tot n–a scăpat de blestemul singurătății care a urmărit–o ca o umbră. Se pregătea să se mute înapoi în Manhattan, în apartamentul mătușii care murise, apoi să vândă casa și să–și ducă *chiriașul* la un sanatoriu de lux pentru bătrâni.

Frica de singurătate, frica de boala ei cu chisturile precanceroase care se agravaseră o făcuse să accepte orice soluție numai să nu rămână izolată.

Se pare însă că de ceea ce ne este frică, nu scăpăm niciodată.

*

Flavia a ieșit din țară cu turneuri ale unui ansamblu de dansuri românești călătorind prin câteva țări din Europa cu ajutorul prietenului care avea atunci o poziția bună ca s–o ajute la primit aprobările pentru pașaport. În provincie era cu mult mai ușor de făcut rost de pașapoarte, iar pentru ieșirile de grup lucrurile se aranjau cu mult mai simplu.

Această fată frumoasă, foarte inteligentă și plină de vervă, dar naivă, intrase pe mâna unui individ care i–a stricat viața; era însurat, dar trăise cu ea vreo zece ani promițându–i mereu că va încheia relația cu nevasta și vor rămâne împreună. Flavia se cam săturase de această relație nefirească dându–și seama că a fost păcălită de un vulpoi experimentat și fără scrupule, care i–a luat cei mai frumoși

ani din viață încercând acum să se depărteze de el; cei zece
ani petrecuți alături de un om care fusese prima ei dragoste
nu era ușor să–i uiți, aproape egalau o căsnicie.

Rănită, era obsedată de gândul că ajunsese la treizeci și
cinci de ani și nu avea o familie, își dorise măcar un copil,
își făcuse multe vise dintre care niciunul nu s–a realizat.

La una din ieșirile ei cu ansamblul românesc în
Danemarca a întâlnit un om care a început s–o curte-
ze, și–au spus fiecare povestea lui, simțind amândoi că
funcționau pe aceiași lungime de undă. El era divorțat
cu copii cărora le mai plătea pensii alimentare, dar
extrem de civilizat și sincer i–a povestit toată viața, fără
rezerve. Lucra pentru guvernul danez care–i asigura o
viață confortabilă, fără a fi bogat și de unde aștepta o
pensie bună.

Flavia s–a confesat, la rândul ei, despre eșecul cu
relația ei fără final de care vroia să scape. Și–au schimbat
adresele și telefoanele sperând ca ea să mai vină în Europa,
iar Roland i–a promis că de nu, va merge el în România.

Întâlnirea lor avusese loc înainte de revoluția din
1989. După revoluție Roland a venit urgent la Sighișoara,
s–o întâlnească la părinții ei și s–o ceară de nevastă.

Lucrurile s–au aranjat în grabă, Flavia dorind să plece
din România cu orice preț, așa că a decis să se căsătoreas-
că și să–l urmeze la Copenhaga.

Cum a ajuns în Danemarca a început urgent cursuri
de limbă daneză, apoi de computere, paralel cu viața ei
de familie unde avea multe greutăți în acomodarea cu un
sistem social complet nou, cu un soț aproape necunoscut,
cu gelozia copiilor lui care o făceau să sufere, dar cu spriji-
nul total al său. Bărbat integru, de mare caracter, devotat,

iubitor şi bun a ghidat–o pe drumul care s–o ducă la o oarecare independenţă financiară şi s–o facă să se simtă utilă. Fiind mai mare cu cincisprezece ani decât ea, a fost un mare prieten, îndrumător şi sprijin, aşa încât au creat un cuplu pe care îl cam invidiau cei din jur.

Flavia şi–a găsit o slujbă de manager la o companie particulară unde a fost imediat apreciată cum merita, iar în măsura timpului disponibil îşi perfecţiona limba germană pe care o ştiuse de acasă, învăţa daneza cumplit de grea, apoi engleza care era folosită în toate instituţiile oficiale, si mai lua şi cursuri de programare pentru computere de două ori pe săptămână.

Cu priceperea, hărnicia şi inteligenţa româncei capabile şi de bună calitate a reuşit să–l scape pe Roland de datorii, să pună bani pentru o casă mică, dar nouă, pe o insulă lângă Copenhaga şi să mai meargă la traduceri pentru românii nou veniţi, care aveau nevoie de ajutor cu limba atât de grea a locului. Era ca o furnică permanent activă, energică şi neobosită până într–o zi când a căzut într–o criză de ulcer de–au luat–o cu salvarea la spital. După tratamente şi liniştea necesară a decis să nu mai lucreze fiindcă îşi făcuse minimum de ani pentru o pensie, iar împreună cu cea a lui Roland puteau trăi onorabil.

Cum nu aduce anul ce aduce ceasul, Roland s–a îmbolnăvit foarte grav şi după o operaţie în care era să–şi piardă viaţa a venit acasă foarte slăbit, unde Flavia a intrat imediat în rolul de soră de caritate, cu un devotament fără egal. Gospodină, ca toate ardelencele, gătea numai proaspăt pentru el, îl alinta cu toate mofturile, îl urmărea ca o mamă să nu cumva să i se mai întâmple ceva rău şi aşa s–a pus pe picioare Roland, timp în care ea a obosit.

Au trecut vreo șaptesprezece ani de căsnicie legată printr-o prietenie solidă, cu respectul reciproc, cu înțelegere, cu armonia unei relații consolidate în timp, dar Flavia a avut un moment în care s-a trezit că trăise numai pentru alții. Nu era plictiseala căsniciei monotone, era dorința femeii de a avea ceva și pentru sufletul ei uitat din cauza alergăturilor și obligațiilor de familie, a celor de adaptare, de muncă de salahor, de gândit în limba altora, de golire a ceea ce fusese ea, cea dinainte. Nu mai găsea acel „ceva" care să-i dea sens existenței ca s-o centreze către ceva constructiv, ceva în care să se dăruiască cu pasiune.

La începutul căsătoriei cu Roland, ea și-a dorit să aibă un copil, însă el a fost împotrivă din cauza experienței cu ai lui care l-au secătuit de bani și energie, l-au dezamăgit mult prea mult ca să mai dorească un altul. Intre timp murise mama ei, pe care a adorat-o, tatăl era bolnav acum și internat într-o instituție pentru bătrâni din România, iar sora ei fusese totdeauna distantă, în așteptare numai de bani și cadouri de la ea.

Flavia s-a simțit dintr-odată singură, îngrozitor de singură, cu toată bunătatea și prietenia solidă a soțului ei, singură înotând într-un furnicar imens cu oameni cu care nu avea nimic în comun. S-a mai dus de câteva ori în România, unde a ajutat comunitatea în care crescuse cu donații substanțiale pentru un spital și o școală, și-a dăruit rudele, cunoscuții, dar s-a simțit străină în propria ei țară; a găsit o lume căreia ea nu-i mai aparținea, o lume pe care n-a mai recunoscut-o; în ultimele ei două călătorii, i s-au furat mașinile, toți încercau s-o jumulească fără jenă, așa că a decis să nu mai meargă acolo niciodată.

Pe aceste momente de căutări și decepții înlănțuite a primit un mesaj de la un necunoscut care îi văzuse poza pe *face book*. Poate de plictiseală, poate din curiozitate, a acceptat să se întâlnească cu el undeva la o cafenea selectă din Copenhaga. Era prima oară când i–a ascuns lui Roland unde merge, pretextând un drum la cumpărături cu o fostă colegă de serviciu. A atras–o acest gentleman prin felul cum s–a prezentat găsind–o în momentul cel mai fragil al existenței ei.

La prima lor întâlnire au petrecut ore de povești despre viețile lor, aproape la fel cum se întâmplase și cu Roland când l–a văzut prima oară. Au continuat să–și trimită mesaje și să–și telefoneze aproape zilnic, după care au început să se vadă mai des, ajungând și la relații intime, când au înțeles amândoi că destinul i–a adus împreună, deci trebuiau căutate soluții pentru a–și continua relația fără a răni pe nimeni. Mark era un om liber; fusese însurat având doi copii din căsătoria încheiată de mult, iar mai de curând, încoace, avusese un băiețel cu o femeie cu care nu a vrut să se căsătorească, dar și–a luat foarte în serios rolul de tată.

Era singurul lui moștenitor!

Avea două case departe de Copenhaga, făceau deci suta de kilometri ca să se întâlnească, trebuiau să se vadă peste weekend când el își lua copilul acasă, așa că Flavia s–a aflat în situația de a sta de vorbă cu soțul ei Roland.

Plină de emoție, dar cu sufletul deschis i–a mărturisit despre bărbatul nou întâlnit și i–a cerut verdictul: să se despartă sau să găsească alte soluții acestei penibile situații; se simțea vinovată pentru cele întâmplate, dar știa că mai devreme sau mai târziu tot vor ajunge la acest final fiindcă inima nu urmează legile impuse de societate, ci le are pe ale ei tainice dar precise, când răspunde numai chemării karmice.

Flavia atinsese o altă etapă din viața ei, a femeii trecută bine de patruzeci de ani care știe ce vrea și cine este; pe de altă parte Roland, soțul, era un individ impecabil în comportare, dar foarte rece, ca un zid de beton armat care nu i–a putut rămâne decât un mare prieten. A înțeles că soțul nu–i fusese amant niciodată, nu–l iubise, îi fusese doar bine lângă el, o protejase, o ajutase, iar lipsa ei de experiență, felul cum o folosise cel din cauza căruia a vrut să plece departe de România, apoi comportarea de mare gentleman a lui Roland i–au creat impresia că așa ar fi trebuit să fi fost un soț.

Când a descoperit dragostea, căldura cu care un bărbat adevărat știe să mângâie, să alinte, să iubească o femeie, să dăruiască, s–a trezit leoaica din ea și nu mai era nimic de făcut. Atinsese acel moment când nimeni și nimic nu te mai poate opri din chemarea dragostei.

Roland a invitat–o la un dialog amical în care, cu multă înțelepciune, i–a spus:

– Draga mea Flavia, eu știu că nu sunt în stare să–mi exprim ceea ce simt pentru tine și fosta mea nevastă mi–a reproșat același lucru. Este firea mea, așa suntem noi, nordicii, nu ca voi, cei cu sânge latin, dar te asigur că în felul meu te iubesc tare mult și vreau să fac totul ca tu să fii fericită. Poate că ar fi bine să nu te grăbești, să păstrezi această relație până vei fi convinsă că merita să rămâi cu el. Ai aici o casă la care ai muncit atât de greu, avem tot ce ne trebuie, iar eu sunt gata să fac totul ca relația ta să rămână secretă pentru toți cunoscuții noștri. Îți propun să menținem relațiile aparente pentru cazul când suntem invitați undeva, la fel copiii mei să nu afle nimic despre viața noastră, până când tu vei decide ce vrei să alegi. Îți rămân alături și poți conta pe mine în orice situație.

Ştiu că am greşit când te–am descurajat să ai un copil cu mine. Poate că băieţelul prietenului tău îţi va da ceea ce doreai în sensul că vei fi numai pe jumătate mamă, dar îţi va umple golul acela al neîmplinirii ca femeie şi poate aşa vei fi fericită.

Flavia a izbucnit în lacrimi, a simţit o pasăre zbătându–i–se în plexul solar şi a sărit să–l îmbrăţişeze cu afecţiune, cu durere; i–au trebuit multe minute de plâns pe genunchii lui ca să–i spună:

– Nu ştiu cum te mai uiţi la mine, nu ştiu cum să mă port ca să mă ierţi dar vreau să ştii că indiferent ce se va petrece cu noi eu voi fi alături de tine. M–ai umilit cu nobleţea ta, m–ai făcut să te preţuiesc mai mult decât înainte, crede–mă!

Au decis ca el să nu răspundă la telefon când ea nu este acasă, iar dacă cineva o va vedea în prezenta lui Mark cu copilul, să lanseze versiunea că are grijă de băieţelul unui om bogat care o plăteşte foarte bine.

După discuţia lor, au mers fiecare la culcare în camere separate aşa cum dormeau de multă vreme.

Flavia pleca de acasă vineri dimineaţă şi se întorcea duminică seara cu excepţia sărbătorilor când trebuiau să meargă împreună la prieteni sau întâlniri oficiale la care Roland mai era invitat.

Cu un devotament fără egal făcea acasă toată gospodăria, curăţenie şi mâncare pentru Roland, iar la cealaltă casă grija de copilaşul lui Mark, care se ataşase de ea, mai mult decât de mama lui biologică, apoi avea bucuria că va sta câteva zile în braţele celui care i–a dat ceea ce nu cunoscuse până atunci, ***dragostea.***

Nu căutase situaţie materială, nu o interesa nimic despre Mark, nu i–a cerut nimic, i–a fost de ajuns ca acesta să–i mângâie părul plimbându–şi mâinile prin el, s–o dezmierde, să–i aducă cafeaua la pat, ca s–o topească de emoţie. Fiecare mângâiere a lui o făcea să se simtă din nou copil.

Legătura lor dura de peste patru ani, consolidându–se şi prin copilul care devenise marea ei preocupare. În cele trei zile de sfârşit de săptămână trăiau o viaţă de cuplu perfect pe care nu o avuseseră niciunul dintre ei mai înainte.

Mark a reuşit să–şi vândă una din case ca să cumpere o alta mai mare şi mai aproape de a Flaviei, la fel şi mai aproape de serviciul lui, unde şi–au aranjat cameră separată pentru copil, dormitorul lor cu mobile noi, cu bucătărie modernă, cu toate instalaţiile tehnice sofisticate.

Şi–au luat concedii scurte, de câte zece zile, unde s–au răsfăţat sub soarele Greciei, Egiptului sau Italiei, iar la înapoiere intrau în programul normal pe care Mark nu–l prea aproba fiindcă ar fi dorit–o pe Flavia să rămână numai cu el.

În acelaşi timp ea l–a încurajat pe Roland să plece şi el în concedii cu grupuri de turişti, simţindu–se vinovată că–l lasă mereu singur acasă.

Pluteau fiecare pe insula lui acceptând o situaţie bizară numai pentru a nu–şi rupe legăturile strâmb înnodate care dădeau fiecăruia confortul de care aveau nevoie: Flaviei, dragostea lui Mark şi bucuria copilului, lui Mark o parteneră cu toate calităţile care–i schimbase viaţa anostă dinainte, iar lui Roland liniştea aparentă a unui om bolnav şi bătrân, că n–a rămas chiar singur.

Alabama Burning

Am coborât din avion pe aeroportul din Atlanta şi am sunat pe mobil pe omul care trebuia să mă aş-tepte să plecăm mai spre Montgomery. Îl văzusem o singură dată în viaţa mea şi mă temeam că n—o să—l pot recunoaşte pe întuneric.

Am ieşit din zona recuperării bagajelor păşind afară într—un cuptor torid de abureală sufocantă să—mi vină rău. Drumul cu avionul fusese scurt, nu eram obosită, eram însă emoţionată de ceea ce va urma, de responsabi-litatea mea în încercarea de a salva un copil şi un tată de la cădere într—un abis. Ne—am salutat şi am plecat la drumul de circa trei ore cu maşina.

Urcând în maşină am zărit în spate un copil adormit într—un scaun special la care era adaptat un ecran de vizionat filme în faţa lui. Am avut un sentiment straniu de la început, dar m—am lăsat dusă pe drumul de circa trei ore de mers. Înnoptase bine.

Am tot vorbit de toate pe drum, mai ales despre cumpăna de viaţă în care se afla el acum şi despre dureri care ne—au schimbat tuturor destinele pe pământ străin.

Trecuse Dunărea înot ca să scape din România, numai cu jumătate de an înainte de căderea lui Ceauşescu, pierzându-şi un ochi la traversare şi suferind eroic pe timpul cât a stat la sârbi în aşteptarea aprobării pentru intrare în America.

Aflasem de la mama și de la el, că făcuse pasul ca să–și scoată din țară copiii și nevasta, unde nu mai întrevedea niciun viitor pentru ei toți.

De când mă descoperise și–mi făcuse câteva comisioane din țară, îmi mai povestise la telefon despre multiplele schimbări din viața lui personală, care nu fusese lipsită de șocuri mari. Soția, pentru care a trecut Dunărea riscându–și viața și făcuse imense sacrificii, l–a părăsit când și–a pierdut primul job în America, găsindu–și un alt partener, în timp ce el și–a crescut singur doi copii pe care îi adoră și cu care se afla în relații foarte bune. Era clar pentru mine că–și iubea mult copiii și fusese un tată devotat cât zece părinți la un loc.

Acum, era căsătorit pentru a doua oară cu o fata mai tânără cu vreo optsprezece ani decât el, cu care avea alți doi băieței: unul de nouă ani care se afla în grija lui de doi ani, iar celălalt de cinci ani, încă la bunicii din România până la împlinirea vârstei școlare.

Marian avea o slujbă foarte grea și responsabilă de inginer într–o fabrică de avioane, unde era bine plătit, iar soția lui, Rodica, tocmai terminase facultatea de medicină în America și luase primul post de intern în statul Washington, pe vestul continentului. Mă sunase prin luna mai fericit că el și soția au decis s–o urmeze pe ea la post, renunțând la slujba lui, chiar îmi avansase o invitație la ei când se vor instala la noul domiciliu; erau obosiți de separarea impusă de serviciul lui și locul unde ea urmase facultatea de medicină, undeva prin mijlocul Americii. Erau căsătoriți de vreo doisprezece ani, dar mereu departe unul de altul, motiv pentru care cei doi copii crescuseră la bunicii din România, până i–au ridicat gata de școală. Greg, cel mai mare, care se afla acum în mașină, trecuse în clasa a doua și vorbea mai mult în engleză decât în română.

Ajunşi acasă mi–a arătat camera mea şi ne–am dus la culcare; era sâmbătă seara aveam destul timp să discutăm a doua zi despre ce–aş putea să fac pentru ei, mai ales pentru Greg, care fusese prea mult singur acasă, cu nasul numai în TV la nesfârşite filme, fără cineva care să–i fie aproape, să–l îndrume, să–i facă de mâncare sau să–i ţină companie.

M–am trezit dimineaţa într–o cumplită suferinţă observând cum peste noapte fusesem ciuruită de nişte păianjeni odioşi. În lumina zilei toată casa mi s–a arătat ca un tablou din filmele de groază, cu pereţii zugrăviţi în culori grele şi urâte de bej şi gri închis, cu praful gros peste tot, cu şiraguri lungi din fire de păianjeni atârnând între lămpi şi ventilatoarele din plafon, cu toate storurile trase, cu o aerul condiţionat trecând printr–un filtru ce nu mai fusese schimbat de ani de zile răspândind praful peste tot, în loc să–l oprească. Am încremenit de ceea ce mi se arăta ochilor!

Mi–a venit să fug imediat la aeroport şi să mă întorc acasă. Mi–am revizuit însă emoţiile învingând şocul şi gândind cum aş putea rezista în asemenea mizerie şi haos timp de peste o lună, dar privind în ochii galeşi ai bietului copil, arzând de dorinţa să nu mai fie singur, m–am scuturat de sperietură şi am decis să fac totul pentru el, ca un sacrificiu adus unui sufleţel în mare cumpănă. Nu puteam defini pe moment care dintre ei era mai disperat acum, copilul sau tatăl.

N–am ştiut cu ce să încep, aşa că m–am îndreptat spre bucătărie unde trebuia să mâncăm, iar eu să învăţ pe unde se află toate lucrurile pentru a îndeplini funcţia de bucătăreasă, educatoare, mamă–surogat, şi suport emoţional pentru un timp. Am intuit că aveam de trecut un mare test al compasiunii fără a judeca prea mult.

Băiețelul Greg s–a lipit de mine și m–a îmbrățișat cu
atâta căldură că mi–a topit inima, apoi s–a pus pe vorbă
și întrebări fără sfârșit care m–au făcut să–l îndrăgesc pe
loc și să mă destind pentru a–i transmite numai iubire și
încrederea că voi fi alături de el cât de mult cu putință,
deci se poate bizui pe mine. Un copil minune, frumos ca
un înger, extraordinar de inteligent și sensibil, poate mult
prea sensibil. S–a creat pe loc acel declic dintre noi și din
acel moment am știut că relația noastră va fi una de succes
și de mare ajutor pentru el.

Am făcut un tur al casei ca să învăț pe unde se află
lucrurile fiecăruia prin camere, să înțeleg preocupările lui
Greg, ca și interesul lui pentru anumite subiecte.

Camera băiatului era o harababură de cărți, jucării,
haine, pijamale aruncate pe dușumea sau pe pătuț, pro-
soape, hârtii și creioane colorate într–o ceață de praf
acumulat peste tot locul ca după un cutremur. Vacanța
lui începuse cu statul la TV, în întunericul absolut din li-
vingul casei, de unde era greu să–l scoți la lumină sau la
masă; era aproape nevropat, speriat de singurătate, apoi
de atmosfera rigidă de la școala plină de copii autohtoni
de culoare ca și alții de emigranți ca el, dar europeni după
trăsături și maniere, deci izolați de localnici.

O canapea neagră de piele era unicul obiect pe care
se tăvălea privind televizorul, înainte de a se spăla pe față
dimineața, sau a pune ceva în gură. Sălbăticit și înfricoșat,
avea paloarea unui copil ce locuise într–o peșteră și nu
într–o casă de om.

Când a refuzat să mă ajute să fac puțină ordine închi-
zându–i TV–ul și i–am spus că voi anunța pe tatăl său să
mă ajute în a–l disciplina, a făcut o criză de isterie care
m–a speriat.

— Te rog nu—i spune tatii, te implor că mă bate și eu nu mai vreau să sufăr! De când am venit aici, acum doi ani, eu nu am cu cine să mă joc, mi—este dor de frățiorul meu din România, de bunicii mei și nimeni nu are timp pentru mine, nu mai pot, sunt atât de singur și disperat. Mama îmi promite mereu că va veni să mă vadă, dar eu știu că mă minte... tata mă minte și el... așa că eu sunt acum un copil orfan!.

Mi—au dat lacrimile, l—am luat în camera mea să stăm de vorbă ca doi oameni mari și am început să—l conving, alegându—mi cu mare grijă cuvintele, că tatăl îl iubește, dar trebuie să lucreze de dimineață până seara, așa este America, iar mama abia a început serviciul la un spital și încă nu poate veni să—l vadă, motiv pentru care eu mă aflu acolo ca să nu stea singur pe timpul vacanței și că eu îl iubesc așa cum este, chiar de nu ne cunoaștem încă bine.

— Bunicul meu din România mi—a spus că America este cea mai minunată țară din lume, că toți omenii doresc să ajungă și să trăiască aici, dar eu nu mai vreau! Asta nu poate fi o țară a fericirii, unde părinții muncesc din zori până noaptea, nu mai au timp să se vadă unii cu alții și nici pentru copiii lor. Eu mă simt un orfan aici, ți—am mai spus!

— Cum să fii orfan, dragul meu, dacă ai mamă, tată, bunici, frățior și uite acum mă ai pe mine să stăm de vorbă, să facem mâncare împreună, să ieșim seara la plimbare și să ne bucurăm de florile și animăluțele copiilor din vecini.

— Tu iubești animalele, m—a întrebat Greg!?

— Eu nu le iubesc, le ador și am să—ți spun o mulți-me de povești adevărate despre animalele ce le—am avut în România. Am scris și o carte despre ele fiindcă mi—au bucurat viața mai mult decât orice pe lume.

– Spune–mi, te rog, spune–mi–le acum!

– Nu acum, o voi face diseară când mergem la culcare să–ţi povestesc despre animăluţele mele. Acum avem alte lucruri de făcut prin casă, cât timp căldura de afară nu ne lasă să ieşim. Termometrul arăta peste 116 F la acel sfârşit de iunie, iar vara abia începuse. Şi–a şters lacrimile, m–a luat de gât şi mi–a promis că va face totul să nu mă mai supere.

Minunea aceea de copil, mult prea inteligent pentru cei nouă ani ce de–abia îi împlinise, vibrând ca o frunză în bătaia vântului, m–a emoţionat şi cucerit. A stat cu mine la bucătărie, am avut lungi discuţii despre viaţă, am făcut clătite aşa cum şi–a dorit el şi parcă s–a mai înseninat. De–aş fi putut l–aş fi luat imediat cu mine ca să–l scot pentru un timp din casa–cuşcă coclită în care nu–şi găsea locul fiind atât de nefericit.

Când s–a mai răcorit puţin afară, s–a aruncat cu tata în bazinul de înot, care fusese construit special pentru el, în timp ce eu am pregătit cina pentru toţi trei.

Marian a înfulecat ceva în grabă şi a ieşit afară, a pus mâna pe celular sunându–şi nevasta; pe masa din curte, unde se aşezase sub o umbrelă uriaşă, zăceau două scrumiere pline cu mucuri de ţigări. Când soarele apunea stingându–şi flăcările mistuitoare printre arbori şi case, l–am luat pe Greg de mânuţă şi am plecat amândoi să explorăm împrejurimile făcând mişcare şi având discuţii *sofisticate* despre viaţă cu acest nod de copil care era o mină de gânduri profunde exprimate cu înţelepciune de om bătrân.

– Ai văzut cum tata a luat telefonul portabil şi a sunat–o pe mama, mi se adresă Greg mie. Ei, să ştii că–l vom găsi tot cu telefonul la ureche când ne vom întoarce acasă; asta face în fiecare zi, ore şi ore de discuţii la telefon, după care se culcă târziu, iar peste noapte îl sună mama pe el. Când este acasă stă numai la telefon sau așteaptă telefonul mamii–Rodica. A oftat.

N–am comentat, ci am continuat drumul nostru de explorat cartierul oprindu–ne la fiecare poartă unde Greg vedea vreo pisicuță tolănită pe iarbă, sau vreun cățel leșinat de căldura ucigătoare. Deși era pe înserate dogoarea zilei parcă se lăsase și mai sufocantă răbufnind din caldarâmuri de nu puteam respira; toate furtunurile vecinilor aruncau jeturi puternice de apă prin grădinile din fața caselor, iar copiii despuiați se jucau pe tobogane cu apă alunecând la vale, pentru răcoreală. Căldura Alabamei te făcea să te simți moale, toropit de oboseală și bun de nimic. M–am întrebat cum or fi lucrând oamenii în aceste condiții fiindcă eu simțeam cum mă prăbușesc sub duhoarea umedă funcționând ca un melc, împinsă numai de gândul că micuțul Greg are nevoie de mine.

Venind acasă după plimbarea noastră, în care Greg făcuse inventarul tuturor pisicilor și câinilor din cartier, l–am găsit pe Marian tot nemișcat la masa din curte plină de țigări arse și cu telefonul la ureche. M–am mirat cum de nu i s–a terminat bateria ca să mă dumiresc că avea vreo trei celulare la îndemână. I–am amintit delicat că pierde o mulțime de timp și bani în conversațiile cu soția lui care, părea un fel de fantomă a unei femei locuind într–o altă galaxie, după modul cum evoluaseră relațiile lor în ultimii ani.

L–am trimis pe Greg la dușul de seară, după care am intrat în camera mea să fac și eu o baie și să mă arunc în pat. La foarte scurt timp copilul a ciocănit la ușa mea intrând cu brațele pline de cărțile lui despre animale, din care m–a rugat să–i citesc, în timp ce savura poveștile pe care mi—am dat seama că le mai auzise. Îi adusesem în dar cartea *Micul Prinţ* a lui Antoine de Saint—Exupery, în ediţie de lux, dar nu s—a uitat la ea.

S—a lipit de mine ascultându—mă cu mare interes după care mi—a cerut voie să rămână în patul meu peste noapte. Mi—a fost aşa de milă de el că l—am îmbrăţişat şi am adormit amândoi. S—a sculat după un timp să—şi ia un pahar cu apă, dar şi—a mai adus şi toate jucăriile în acelaşi

Jué bière el coco.

pat cu noi, aşa încât n—am mai avut loc să mă întind decât pe o margine îngustă a acestuia. După prima tentativă a venit să doarmă cu mine în toate nopţile care au urmat până la plecarea mea din Montgomery, iar peste zi dacă vroiam să mă întind puţin, mă strângea cu mânuţele lui drăgostoase cuprinzându—mi gâtul ca să mă simtă dacă plec.

Mi—am dat seama că animalele erau marea lui pasiune şi i—am spus tatălui său să afle undeva prin împrejurimi vreo fermă cu cai unde să—l ducem pe Greg. Cum şi eu sunt o iubitoare de animale şi desene animate n—am scăpat până nu i—am văzut toate filmele lui din colecţie, ceea ce mă cam împiedica să—mi termin de făcut mâncare şi ordine în bucătăria care fusese concepută a fi modernă şi dotată cum se cuvine, dar părăsită şi murdară de nu ştiai pe ce să pui mâna fără a ţi se încleia.

Dezordinea şi murdăria din frigider, dulapuri, pode-
le, totul erau dezolant şi a trebuit să–l avertizez pe tatăl
debusolat că nu se mai poate trăi astfel. Copilul se urca cu
picioarele goale şi murdare pe marginea de jos frigideru-
lui pentru a ajunge la rafturile de sus ca să–şi ia ceva de
mâncare, apoi pachete cu carne de tot felul atârnate pe uşa
acestuia de cine ştie când, cutii de plastic cu brânzeturi
stricate şi vegetale cam la fel, ciorbe uitate acolo de când
lumea, o masă de microbi pestilenţi, dar conservaţi cu
grijă *la rece.*

Am deschis cuptorul sobei de gătit şi am fost gata să
leşin; nu fusese curăţat de peste zece ani, de când se mu-
taseră în casă nouă, iar pereţii metalici ai acestuia erau
acoperiţi cu straturi groase de grăsime solidificată şi rău
mirositoare. Nu era nimic de făcut decât să–l arunci şi să
cumperi altul. Într–o parte a bucătăriei zăceau pe podea
două aparate scumpe şi profesionale pentru exersat, *(tra-
de mills)* năpădite de păianjeni care se plimbau între ele
şi lampa din plafon, ce fusese albă cândva, acum gri din
cauza prafului, apoi nişte saci de ceapă şi cartofi aruncaţi
printre aparatele de gimnastică, alături de nişte cutii ne-
desfăcute cu sticle de vin.

Eram oripilată cu fiecare descoperire.

De sub dulapurile din bucătărie atârnau nişte volane
groase de scame acumulate de ani, tixite de praful făcând
corp comun cu duşumeaua. Prin dulapuri zăceau părăsiţi
saci mari plini cu făină, mălai, zahăr, cantităţi industriale
de uleiuri de tot felul, borcane cu murături şi conserve
stricate de parcă ar fi avut acolo un restaurant–cantină
pentru hrănit toată comunitatea. O risipă de alte borcane
de cafea, Nesscafé, ceaiuri de tot felul, zemuri uscate prin
pahare şi vase mai mici, uluitor!

Am înțeles pe moment că acest om este depășit de obligațiile multiple ce le avea, abrutizat și deconectat complet de la o viață normală.

Marian mi—a promis că va aduce două femei de la o companie profesională de făcut curățenie și m—am mai liniștit pentru moment. Cu chiu, cu vai a schimbat filtrul de aer al casei, să ne mai tragem sufletul, în timp ce eu îl ghidam ce să mai facă. Atunci i—am sugerat să—și schimbe culorile morbide din casa aceea spațioasă și frumoasă, dar lăsată în plata Domnului și mi—a promis c—o va face, ba chiar a tresărit la ideea unor îmbunătățiri ale locului așa cum îi sugerasem eu. Acționa ca drogat, capul lui nu era decât la problema obsedantă a căsniciei lui sfărâmate, deși aparent refuza să accepte asta.

A scos din pereți niște kitsch—uri de zise picturi făcute de soția lui, pe care o lăuda a fi talentată la desen și le—a aruncat într—o debara, când i—am spus că erau doar culori aruncate la întâmplare cu ceva inspirații africane ca să—și mai calmeze doamna nervii.

Am decis să—i fac copilului măcar o prăjitura bună ignorând mizeria din cuptor, folosind tăvi noi pentru copt, deci mi—am făcut o mică arie de lucru pe care am curățat—o și cu spirt de frica microbilor. Am făcut două forme mari de prăjitură foarte bună cu fructe ținute în rom, aduse de mine de acasă.

Înainte de plecare expediasem vreo trei cutii mari cu diverse ierburi aromate pentru gătit, cacaua cea mai fină găsită la un magazin special, ciocolate belgiene, borcane cu dulcețuri străine pentru copil, pungi cu fursecuri rare, rădăcini proaspete de țelină și pătrunjel pentru supe, o mulțime de bunătăți scumpe din care am observat că unele fuseseră lepădate pe undeva prin curte, altele erau răvăşite pe podeaua din livingul care gemea de boarfe adunate, cămăşi şi haine aruncate unele peste altele pe spătarul unei canapele, sau pe scândura de călcat. Am înţeles imediat că mi le ceruse numai din dorinţa de acaparare şi obiceiul omului zgârcit de a aduna ca un şobolan şi ce nu—i trebuia, numai „să fie". Primitiv şi avar, dar şi nebun.

Cotrobăind amândoi prin casă să schimbăm atmosfera lugubră mi—a mărturisit că s—a aflat la un pas de a—şi lua viaţa şi numai copilul l—a oprit să o facă. Simţisem asta.

Nevasta nu mai era decât o himeră creată în visele lui de om însingurat, fiindcă îl folosise să—şi facă facultatea cerându—i permanent bani, iar acum dorea să se scape de el având de urmat o carieră grea, însă promiţătoare de venituri mari, în timp ce el nu mai avea niciun loc în viaţa ei, cu atât mai puţin în inima ei!

La urma urmei o relaţie se poate disipa şi dacă a început din dragoste, dar asta nu putea el să accepte (am gândit eu fără a—i spune).

Mi—a spus că a iubit—o pătimaş, dar fusese manipulat de ea pentru a avea un sprijin moral şi material pe pământ străin, plus cetăţenia americană, însă eu am ghicit că era nevropată, periculos de perfidă şi materialistă şi nu—i dădea pace chinuindu—l cu telefoanele în fiecare noapte, la diferenţa de trei ore între vest si est, iar el se scula beat de oboseală şi tremurând de emoţie, bea un Nesscafé în mare goană, fuma ţigară după ţigară şi pleca la serviciu gata epuizat. Femeia aceasta fusese un adevărat vampir energetic pentru el.

Cum să trezeşti din agonie un bărbat intoxicat de minciunile unei neveste parşive care i—a întreţinut iluzia că ar mai putea să reînvie căsnicia lor? Am acţionat mai dur spunându–i părerile mele, judecând la rece, încercând să–i arăt care ar fi acum calea de urmat pentru binele lui și al copiilor. Atunci mi–a explicat că–i dăduse circumstanțe fiindcă fusese violată și abuzată sexual în repetate rânduri de un unchi pe când avea vreo opt ani, eveniment din care rămăsese șocată, contradictorie, instabilă în decizii, schimbându–și starea de spirit de la un moment la altul, dar foarte tenace și determinată ca acum, după terminarea facultății, să se specializeze în neuro–chirurgie.

Cum se afla deja la post, lucrând într–o clinică bună, soțul–suport care–i fusese mai mult o *manta de vreme rea*, nu–i mai era de folos.

Cum să nu fi fost neurotică dacă suportase atâția ani un bărbat pe care nu–l iubise, cu care mai făcuse și doi copii, după intrarea ei brutală în viața de femeie prin abuzul unui unchi bețiv, posedat și ticălos?

Distanța fizică dintre ei, din cauza locului de care el era legat ca să câștige banii iar ea la studii, o ajutaseră probabil să suporte mai ușor pasiunea lui dezlănțuită de care era evident scârbită. De câte ori a venit la Montgomery s–a mai culcat cu Marian numai pentru a mai primi niște bani, ultima oară vreo zece mii de dolari. Când s–a prezentat la postul de medic l–a convins să împrumute douăzeci de mii de dolari în contul casei, pentru a pune depozit la un apartament sub pretextul că ar fi trebuit s–o urmeze și el, apoi să–și aducă copiii ca să–și reorganizeze familia. Soțul îi mai cumpărase și o mașină Lexus la terminarea facultății, păstrând mașina ei veche pentru el; cum simțea că o pierde încerca s–o ademenească cu cadouri făcute din sacrificii nesăbuite, chiar cu riscul că ar fi ajuns pe drumuri, așa cum era acum.

La momentul când am ajuns eu la el, Rodica îi spusese clar că nu–l mai vrea de soţ, că are un prieten, că nu doreşte s–o mai urmeze pe coasta de vest, însă îl vroia pe Greg, în timp ce copilul din România urma să vină cu mama ei pentru a începe şcoala aici.

Marian slăbise vreo cincizeci de livre de supărare, iar eu mă temeam pentru el să nu facă un cancer. Acest om naiv şi obtuz se îmbătase cu apă rece sperând în mod absurd că va merge după nevastă şi că acolo ea va lucra, iar el se va ocupa de copii, aşa cum stabiliseră amândoi.

Refuza să privească adevărul în faţă, iar motivul pentru care ea îl ameţea cu telefoanele era să–l convingă să i–l trimită pe Greg şi poate cinismul de a–l chinui pe omul care o mai iubea încă, chiar în felul lui primitiv.

Deruta în care se afla el, responsabilitatea şi frica să nu–şi piardă serviciul, grija copilului, emoţia că nu–l va mai putea vedea pe celălalt, îl aduseseră în pragul nebuniei de care nu–şi dădea seama. Acţiona fără niciun rost, venea acasă si tot robotea prin curte pretinzând că face ceva, dar era total rătăcit şi plecat din lumea aceasta, se afla în ultima fază a unei depresii grave, iar eu vorbeam unui manechin, nu unui om.

Împlinise cincizeci de ani, deşi nu–şi arăta vârsta, era însă complexat că nu are un ochi, făcuse două operaţii pentru nişte chisturi la colon, se ducea mereu în jos fără puterea de a mai ţine pasul cu slujba lui foarte grea, în timp ce nevasta la treizeci si doi de ani abia se ridica, numai bine ca să–şi aranjeze cariera şi viaţa.

Băiat de port, cred că fusese la tinereţe un şmecheraş, *băiat bun dar cu lipsuri*, care trecuse prin şcoală precum gâsca prin apă, ştiuse să cucerească cu trucuri ieftine, lipsit însă de maniere, preocupări alese și cultură, preluase câte ceva din lumea în care trăise, care nu fusese cea mai nobilă, știa să facă doar mese la care invita la *friptane* și băuturi pe cei cunoscuți. Nu s–a putut ridica deasupra mentalității mahalalei de port în care crescuse. Nu cred că citise vreo carte la viața lui, cu excepția celor de școală; îi sugerasem câteva titluri, cumpărase câteva, dar l–am zărit neatinse pe un raft.

Nu învățase nimic de la viață, deși altfel părea un om bun, dar bun la ce??? Nu avea simțul realității, era închistat în concepțiile oamenilor foarte simpli pentru care viața însemna numai mâncare, bani, copii și o slujbă undeva. Afișa o deplină încredere în el și poza în om cu pretenții, fără a–și cunoaște forțele proprii, trăind într–o minciună perpetuă și încercând să păcălească pe cei din jur ca și pe el însuși.

Nu–mi inspira nici încredere, nici respect, fiind un amalgam de bine și de rău camuflate sub grija pentru copii și gospodăria casei. Spunea una, dar făcea alta, avea accese de bunăvoință, însă le pierdea iute prin disperarea că nu mai are bani când devenea agitat și avar. Mi–a făcut niște probe de mare viclenie când am văzut că mă chemase la mare disperare să stau cu copilul, dar el vroia de fapt o servitoare, dădacă și educatoare pentru copil, bucătăreasă, apoi să–l mai învăț și cum să se îmbrace, cum să–și aranjeze casa, ce să citească, cum să se poarte, deci să stau în picioare executată la datorie peste douăsprezece ore pe zi pe gratis!? Ba chiar m–a lăsat odată să–i plătesc cumpărăturile la WalMart, uitând să–mi mai dea banii.

Cine eram eu: fata doamnei care–l învățase carte și care crezuse că el avea mare nevoie de ajutor acum, îndemnându–mă să merg în Alabama. Băiatului îi lipsea

complet acel *„usage du monde"* care nu se învaţă la jocu-
rile de barbut frecvente în porturile rău famate.

Începusem să înţeleg de ce *soaţa* nu–l mai vroia şi se
străduia să rămână cât mai departe de casa aceea neglijată,
din care poate că încercase să facă un cămin.

Se apropia sărbătoarea de 4 iulie când Marian m–a
anunţat subit că pleacă în Pennsylvania la ceilalţi doi copii
ai săi, unde ar avea de vizitat şi pe fosta soacră cu fosta
nevastă care locuiau în acelaşi oraş. Am fost şocată în-
trebându–l de ce m–a mai chemat pentru ca să mă lase
acum singură într–o casă goală, încarcerată în mijlocul a
niciunde, fără maşină şi fără a cunoaşte pe nimeni.

Bruta nu mi–a răspuns! A bombănit ceva, m–o fi şi
înjurat în gând, plecând să–şi strângă lucrurile pentru el
şi copil, a înşfăcat cele două forme cu prăjiturile abia fă-
cute şi pe–aci ţi–e drumul. Grosolănia şi lipsa de respect
pentru un om care şi–a lăsat treburile lui ca să ajute au
fost peste puterea mea de înţelegere. Mi–am reamintit din
nou că am de–a face cu un om care nu mai este în toate
minţile şi aş fi fugit imediat la aeroport, dacă nu m–ar fi
oprit promisiunea făcută micuţului Greg pe care nu–l mai
puteam dezamăgi şi eu.

Aveau de condus 17 ore din Alabama până în Penn-
sylvania, nebunie curată să faci acest efort pentru scurtul
timp de stat acolo, să chinui acest biet copil pe drumuri
obositoare numai pentru că doreşti să alergi către oriunde
fugind de tine şi de fantomele care–ţi umbresc viaţa.

Rămasă singură în acea casă bântuită de stafii, printre
furnici, gândaci şi păianjeni uriaşi, am intrat într–o panică
de moarte şi am început a căuta telefoanele locale de la
poliţie, taxi şi aeroport ca să fiu „gata de orice" dacă ar
fi cazul. Îmi spusese că au mai locuit la el nişte prieteni

care îi plăteau chirie ajutându–l cu cheltuielile casei, însă cheia ușii principale o ținea afară, într–un vas de flori, loc știut de toți care mai trecuseră pe la acolo, plus că fiecare dintre aceștia avuseseră dublura!?. N–am dormit toată noaptea simțindu–mă în pericol, tresărind la orice zgomot cât de mic, cu inima bătând să–mi spargă pieptul. Noroc ca m–a sunat o prietenă din St. Louis cu care m–am mai conversat și căreia i–am dat telefonul și adresa pentru caz de urgență.

Compasiunea și facerea de bine nu sunt întotdeauna înțelese cum se cuvine și mi–am jurat în acel moment că nu voi mai repeta niciodată această greșeală!

De la sosire avusesem un sentiment neplăcut în prezența acestui fost elev al mamii, acea strângere de inimă care te pune în gardă și–ți dă junghiuri în plexul solar, dar mi–am zis că fiind acolo pentru copil nu am de ce să–mi fac probleme.

Menționase de câteva ori că se va duce la nevastă „*Să–i ia gâtul*" și cu experiențele cuțitarilor între care crescuse în vestitul port de la Dunăre ar fi putut face asta fără clipire. M–a frapat colecția lui de cuțite de tot felul, mari si scumpe, bune de înjunghiat un bivol și nu pentru tăiat pâine; atunci m–a dus imediat gândul la intențiile lui despre care mi–a vorbit de câteva ori și m–am înfiorat.

Îmi transfera o energie negativă când era în preajma mea ca și copilului pe care când îl strângea în brațe sărutându–l cu foc, când îl lua la bătaie, deși aparent era preocupat de educația și viața lui, îl iubea, însă comportându–se grosolan, neștiind cum să–i arate asta.

M–am întrebat când era diavol și când om; când exploda dinăuntrul său acel duh rău și când se elibera de himere să se comporte mai normal?

Priveam atent prin ochelarii cenuşii la acest *ciclop* fără a–i putea simţi privirea, sau defini personalitatea; eram în faţa unui zid impenetrabil. *„O brută cu minţile întunecate"*, la care te puteai aştepta la orice, îmi şoptise *eul meu superior.*

Îşi pierduse serviciile de vreo câteva ori în America, îl părăsise prima nevastă plecând după un băştinaş, dar lăsând copiii la el, iar acum cea a doua fugise şi ea nemaidorindu–l cu niciun preţ; scenarii repetate.

Omul părea să a fi fost un mare farsor la viaţa lui, care păcălise, cu sau fără rea intenţie, sau se zdruncinase la cap de atâtea şocuri avute în adaptarea pe pământ străin. Poate din acest motiv actuala nevastă fugise cât mai departe de un mincinos, pe care nu puteai conta nici până al colţul casei, indiferent cât de nebună era şi ea.

Între doi părinţi inconştienţi şi iresponsabili se aflau însă doi copii nevinovaţi de care trăgeau fiecare ca să nu ajungă a plăti pensie alimentară celuilalt, în timp ce sufleţelele băieţeilor dornici de protecţie şi iubire, erau profund rănite.

Mi–am măcinat nervii, în acele patru–cinci zile cât m–au lăsat singură, încercând să evaluez cine este acest individ ermetic, ascuns sub o armură impenetrabilă şi... cum aş putea să fac cât mai mult ca să îndulcesc puţin viaţa micuţului Greg.

Când s–au întors din călătoria lui fără rost am insistat forţând curăţenia casei şi eventual vopsitul interioarelor în culorile potrivite ca să înveselim atmosfera de cavou în care locuiseră. Am mers cu ei doi la cumpăratul şi alesul vopselelor, iar în zilele următoare s–a comis curăţenia generală a casei de care s–au speriat cele două fete aduse la lucru. S–a muncit peste zece ore ca într– un şantier lăsat de izbeliște, dar s–a luminat puțin. Am scos toate cârpele atârnate pe geamuri, am deschis totul să intre soarele, am spălat perdelele și dintr–odată Greg a fost în extaz: *Vai ce frumos este acum la noi!* A urmat zugrăvitul pereților, începând cu bucătăria și camera lui Greg, la care a muncit Marian ca un sclav, împins de mine, dar a meritat osteneala. S–au spălat pereții exteriori ai casei și s–au vopsit obloanele casei în verde crud, iar ușa

Chiton

de la intrarea principală în roșu chinezesc pentru a invita prosperitatea, conform cu principiile *Feng Shui*, sugerate de mine.

Eram foarte mândră de ceea ce reușisem!

Camera unde dormeam eu și baia alăturată, urmau sa fie zugrăvite după plecarea mea.

Dintr–odată ni s–a arătat o altă casă, iar copilul se înveselise de–a binelea de atmosfera atât de diferită. „*Când o vedea mama–Rodica ce frumos este acum, nu va mai pleca de la noi*", îmi spuse Greg, în timp ce eu am tresărit scăpând o lacrimă. „*De ce plângi nu–ți place ce a făcut tata,*" mă întrebă copilul.

„O, nu dragul meu, mi–am adus aminte de ceva, am mințit eu. Cum să–i fi spus că eu știu că mama lui nu va mai veni acolo niciodată!?...

I—am sugerat lui Marian să caute o biserică şi să aducă preotul să—i binecuvânteze casa după terminarea zugrăvitului ca să mai alunge energiile negative acumulate, apoi să meargă din când în când la slujbe cu copilul, să mai cunoască lume şi să se adune prin rugăciune, pentru a—şi regăsi liniştea sufletului său chinuit. Am încercat să—l învăţ să facă meditaţii, dar nu s—au lipit de el.

Sâmbăta următoare am plecat toţi trei în căutarea unor ferme din preajma oraşului ca să—i găsim lui Greg un loc de joacă cu animale. După multe căutări, pe baza indicaţiilor primite de la un coleg de serviciu, Marian ne—a luat cu maşina să căutăm locul; am descoperit o fermă mare cu cai, ponei, oi, vaci, capre, câţiva câini prietenoşi şi două pisicuţe. Greg s—a aruncat de gâtul unui ponei în timp ce tatăl s—a îndreptat spre casa fermei căutând stăpânii să discute posibilitatea de a găzdui copilul acolo câteva zile. Ne—a întâmpinat o femeie cu faţa însorită împreună cei trei copii ai săi şi s—a făcut pe loc târgul: începând de săptămâna următoare Greg va veni să stea aici cu alţi copii din oraş, într— un fel de tabără, ceea ce pe el l—a bucurat peste măsură. Copilul a tras nişte chiote, a îmbrăţişat un alt căluţ luminându—i—se faţa de bucurie şi am plecat.

Mai aveam câteva zile până la întoarcerea mea; eram veselă că voi scăpa din carcera locului, dar şi tristă, că va rămâne copilul singur, chiar dacă va petrece un timp fericit printre animale. Aranjasem să plec numai peste weekend pentru ca Marian să mă poată duce la aeroport, iar luni dimineaţă el ar fi trebuit să ducă copilul la fermă.

Ziua următoare a dispărut dimineaţa din acasă şi n—a mai apărut; eu şi copilul ne—am speriat, l—am sunat pe celular, dar nimic. Cum plecam a doua zi şi—mi mai schimbasem odată data tichetului de avion, am intrat în panică.

Cât am stat în această *casă cu stafii* am fost permanent stresată de comportarea lui Marian care mă făcea să mă aștept la orice, numai bine nu. A apărut seara târziu cu o oaie proaspăt tăiată pe care a aruncat–o mândru pe masa din bucătărie.

– Iată mielul la care pofteați, l–am adus să vă faceți ce doriți din el!

– Pardon??? Adică cum, eu plec mâine dimineață și vrei să stau la noapte să fac friptură și drob, am răspuns eu furioasă. Menționasem într–o seară că–mi place carnea de miel și mai ales drobul proaspăt, dar asta fusese cu mult timp în urmă. Acest *Păcală* era omul surprizelor cu reac-ții întârziate și tembele că te bloca cu învălmășeala gân-durilor lui bolnave, dar mai ales a faptelor nesăbuite. S–a apucat să despice animalul, a scos repede mușchiulețul de pe spate, l–am condimentat și aruncat la cuptor. Și–a continuat opera de tranșare a cărnii ca un bun măcelar (asta știa să facă bine), a făcut loc în frigiderul ticsit deja cu cărnuri de tot felul, iar eu m–am dus să–mi adun lucrurile pentru plecare. Mi se făcuse lehamite de tot, abia aștep-tam să fug din acel infern. Parcă tot mi–era teamă să nu se mai întâmple ceva și să nu pot pleca în ziua stabilită.

Greg a simțit că vine despărțirea și s–a lipit de mine cu tandrețe întrebându–mă dacă și când mai vin la el.

– Ce–ai zice să vii tu la mine în vacanța de Crăciun, l–am întrebat. Te duce tata la aeroportul din Atlanta, iar eu te aștept la mine, fiindcă ai zbor direct o oră și jumătate, am spus eu.

– Eu vreau să vin imediat, ce spui tătuțule mă lași să merg la ea de Crăciun?

Marian i–a tăiat elanul spunând că depinde ce va spune mama, dacă ea va fi de acord sau nu cu asta.

– Cum adică, mama–Rodica care nu vine măcar să mă vadă, să nu mă lase să mă duc la cine–mi place, de ce? De când am venit acum doi ani din România și nu mai sunt cu frățiorul și bunicii mei, numai acum am fost fericit că am și eu pe cineva care mă iubește și–i pasă de mine.

S–a făcut liniște, tatăl nu i–a răspuns, dar copilașul intuitiv și deștept foc a înțeles că va fi din nou victima disputelor dintre mama și tata și s–a întristat, deși eu i–am promis că voi face totul ca el să–și petreacă măcar o vacanță la mine.

Nu bănuiam ce întorsătură vor lua evenimentele din viața lor.

Așteptând să se facă mielul din cuptor, am ieșit afară amândoi să stăm puțin de vorbă pentru ultima seară dinaintea plecării mele.

– Ați văzut în ce mă zbat cu viața mea răvășită? Îmi pare rău că n–ați vrut să mai stați măcar două săptămâni, până începe Greg școala.

– Ce ai de gând să faci de–acum înainte, cum vezi tu soluția copiilor, am întrebat eu. Ce se va întâmpla cu viața voastră?

– Aaaa, eu voi înainta divorțul ca să iau amândoi copiii la mine și ea să–mi plătească pensia alimentară pentru ei. Cu salariul meu și banii de la ea mă descurc!

N–am mai scos o vorbă că n–avea rost; obsesia lui era să–și păstreze măcar copiii dacă–și pierduse nevasta și eventual să mai aibă și ceva bani.

Am plecat a doua zi îndurerată pentru micuțul Greg, dar eliberată de atmosfera apăsătoare din casa lor.

La scurt timp de la plecarea mea mi–a comunicat că a înaintat divorțul sperând că în acest fel va reuși să–și forțeze nevasta să–i dea copiii. Am aflat atunci că mai divorțaseră odată în urmă cu ani, după care s–au recăsătorit!? A urmat un lung și foarte costisitor drum pentru a demonstra autorităților dreptul lui de a–și păstra copiii, dar și–a pierdut serviciul, deci s–a întâmplat ceea ce eu simțisem deja. Mi–am amintit de comentariile lui când mai stăteam cu el seara, afară la împărțit gândurile, în absența lui Greg.

– Doamnă, toți cei care am venit în America am trecut prin focuri ale căror forță destructivă nu o bănuiam și am plătit un mare preț. Eu am plecat mai mult din spirit de aventură, nu știam limba, nu știam nimic despre această țară, dar am înțeles acum că *aici nu era pentru mine* și nu a meritat sacrificiul. Mi–am stricat două case, am lăsat patru copii fără viață de familie, iar acum mă aflu la răscruce de drumuri. Cu criza asta nu văd cum aș putea găsi un alt job și nici cum să mai rezist la zece–douăsprezece ore de lucru pe zi.

– Unii dintre noi au plecat din țară forțați de împrejurări și nu din spirit de aventură; eu n–aș fi făcut asta dacă nu mă amenințau să lucrez pentru spionaj industrial, i–am spus eu. Tu nu știi ce înseamnă să ai un securist care bate săptămânal la ușa ta, plus că te urmărește ca o umbră peste tot, numai ca să te facă să devii unealta lor! Cred că tu ai fost mai mult decât inconștient când ai fugit din țară, dar și mai rău când ți–ai căutat o a doua parteneră pe internet.

– Eram așa de disperat și de singur, după ce m–a lăsat prima nevastă, că aș fi luat pe oricine lângă mine, nici nu ştiam ce fac, însă aproape toţi care au dat de greu aici, s–au despărţit. Acesta este preţul Americii!

V–am spus că am fost la un pas să–mi iau viaţa şi mai înainte şi acum.

Durerile izolării, lipsa de viaţă socială sau descoperirea uneia false şi fără sens, te duc la gândul sinuciderii. Omul este o fiinţă sociabilă, cu rădăcinile hrănindu–se din ceea ce primeşte şi absoarbe din jurul lui prin nevoia de comunicare. Aici nu te caută nimeni decât dacă are nevoie să te folosească. De aceea v–am rugat să veniţi ca să mai am şi eu cu cine să pot vorbi deschis, să mă sfătuiţi ce să fac şi să mă ajutaţi cu copilul.

Nu mai văd niciun drum de ieşire din impas... de aceea m–am umilit acceptând orice nebunii ale nevestei mele, în speranţa că nu voi mai fi singur. Am greşit!

M–am gândit la un moment dat să mă întorc în ţară, dar ce să fac cu copiii?

– Toţi am trecut prin durerile înstrăinării, unde am venit şi vom rămâne **cetăţeni de mâna a doua,** dar nu mai există drum de întoarcere, i–am spus eu.

Noi reprezentăm o altă parte a ţării aruncată prin lume, iar acolo, acasă, nu ne mai aşteaptă decât pustiul în care ne–am simţi străini pe pământul unde ne–am născut.

Nu mai avem prietenii, părinţii, casele nici atât, nici locurile dragi cu poiene, cu livezi, cu apele, cu munţii pe care i–am colindat; nimic nu mai este cum a fost cândva.

Acolo a intrat duhul răului în sufletele oamenilor, iar aici nu mai avem decât pe Dumnezeu pe care să–l rugăm să ne mântuie...

Blestemul etern

Romulus Dascălu a plecat din țară prin anii '70 și nu s–a mai auzit de el. Din când în când mai venea câte un zvon de la foștii lui colegi de generație: ba că ar fi în Germania, ba în Elveția, ba în Canada, sau chiar Australia, iar cei ținuți în cușca sigilată de comuniști visând a scăpa din chingile sistemului, se bucurau în taină că alții au reușit.

Dascălu fusese un nume bine cunoscut în lumea științifică a Bucureștiului, iar colegele de facultate, care mai lucrau în același loc de unde el plecase, nu mai conteneau povestind despre inteligența lui creatoare, despre personalitatea lui neobișnuită ca și succesul la femei, fiind un bărbat arătos, dar impulsiv și imprevizibil, precum un cal nărăvaș.

Făcuse invenții pe care le–a patentat fiind extrem de creativ, publicase articole, dar s–a aflat în conflict permanent cu cei din conducerea institutului de cercetări unde lucra fiind mult prea orgolios, controversat și mai ales nu înghițise tot gunoiul securiștilor de a–i sluji cum ar fi vrut ei. Uneori era un rebel fără cauză, își crea singur complicații numai din dorința de a fi luat în seamă.

Nu se asortase de loc mizeriei impuse de regimul dictatorial de după anii '50, căruia trebuia să i te supui total prin directivele partinice ca să devii o oaie docilă a turmei; fusese chiar arestat în timpul facultății, dar eliberat după scurt timp din lipsă de motive de acuzație.

Provenea dintr-o familie de intelectuali din garda veche, unde primise o cultură aleasă, învăţase în casă limbi străine, dar avea mai ales un imens potenţial pentru munca de cercetare, fiind extrem de curios, inventiv, îndrăzneţ şi tenace.

Ca orice tânăr înaripat de vise urzea în taină diverse planuri cum să scape din sistem, dar nu i se ivise încă ocazia; nu i s-a permis să meargă peste hotare nici la ruşi, nu şi-a putut susţine doctoratul nefiind membru de partid, aşa că era mereu la pândă în căutarea unei soluţii de scăpat de sub cortina de fier.

Printr-o întâmplare fericită a întâlnit o doamnă, mult mai în vârstă, care a făcut gestul de a se căsători cu el pentru a-l scoate peste graniţă şi astfel a plecat în Anglia, ca şi scriitorul Petru Popescu, poate chiar în acelaşi timp. Acolo şi-a făcut al doilea doctorat, apoi a intrat în cercetare lucrând pentru compania ICI –Ltd. (Imperial Chemical Industries), poate cea mai prestigioasa companie din lume.

A făcut două patente dintre care unul i-a adus destui bani ca să investească într-o afacere excelentă în Elveţia şi Canada. A decis să se mute în Canada când s-a eliberat de englezoaică, pentru a fi cât mai departe de continentul european şi de securiştii ce-l urmăreau permanent, dar şi pentru a-şi pregăti deschiderea unei companii pe numele său, încercând să lanseze unul din produsele sintetizate de el.

La vremea când era încă student pusese ochii pe cea mai deşteaptă şi drăguţă fată din facultate, pe care ar fi vrut s-o cucerească, însă ea s-a măritat cu altcineva după terminarea studiilor, ceea ce s-a întâmplat şi cu el, viaţa separându-i pentru un timp; au urmat drumuri diferite, ea lucrând la universitate, iar el într-un institut de cercetări.

Înainte de a pleca din țară, pe când lucra la partea experimentală a tezei de doctorat s–au reîntâlnit, când Romi ar fi avut nevoie de cineva priceput să–l ajute, deci și–a mutat instalațiile în laboratorul ei, fiind mereu în conflict cu cei din institutul său.

Daniela se separase atunci de soț, iar el era cam tot pe acelaș drum cu nevasta, o fostă colegă de facultate.

Din zilele și nopțile petrecute printre instalații, din colaborarea lor științifică susținută s–a născut o carte de excepție și o relație amoroasă care s–a stabilizat prin participarea și dăruirea Danielei în a–l secunda către năzuințele lui înalte. El foarte deștept, inventiv, dar fără răbdarea de a finaliza un proiect; ea, omul detaliilor cu o tenacitate extraordinară în a urmări fiecare treaptă din-tr–un proces tehnologic, exact ceea ce avea el nevoie și ceea ce a dus la relația lor de cuplu în știință.

La momentul când a apărut „colacul de salvare" al englezoaicei, care l–a ajutat să plece din țară, au făcut împreună un plan în care el i–a promis Danielei că o va scoate după ce–și va aranja situația lui. Când s–a văzut plecat de pe continentul european a acționat prin toate mijloacele s–o aducă prin emigrare legală la sponsor, însă lupta a durat câțiva ani în care ea și–a pierdut serviciul la facultate, suferind toate șicanele și amenințările securității, în timp ce el s–a consolat cu aventuri pasagere ca să–și omoare timpul liber.

Când Daniela a ajuns la Toronto l–a găsit total detașat, cu destule semne vizibile a unor prezențe feminine în viața lui, un haos în care greu se mai putea reclădi ceva din relația lor veche. Ea însă a refuzat idea de a–l pierde și trecând peste răceala și aventurile lui, a rămas la datorie nemișcată, precum o piatră.

Romi a fost corect căsătorindu–se ca să–i poată oferi statut legal de emigrantă în Canada, dar era clar că o prețuise pentru devotamentul și inteligența ei în meserie folosind–o pentru ceea ce mai avea de îndeplinit, nu din dragoste. I–a lăsat ei partea administrativă și responsabilitatea finaciară pentru a deschide o companie ca să–și dea lui timp de concentrare pentru noi cercetări care puteau genera patente aducătoare de câștiguri. Printre altele inventase o rășină specială pentru NASA de unde ar fi trebuit să primească mulți bani.

Daniela s–a agățat de speranța că vor putea conviețui în condiții civilizate ignorând esențialul: Romi n–o mai iubea, dacă va fi iubit–o vreodată; omul era absorbit numai de dorința de a deveni celebru, călcând fără milă peste orice îi stătea în cale. Orgoliul exacerbat, completat de egoismul feroce al individului mort după glorie, anihilase orice alt simțământ din sufletul lui.

Atunci a apărut în comunitatea de români din Toronto o familie venită din țară pe care au cunoscut–o întâmplător oferindu–se să–i ajute pentru instalare. De la prima întâlnire cu familia nou sosită Romulus a tresărit la vederea tinerei doamne, și–au intersectat privirile din care a izbucnit scânteia unei atracții spontane care nu a scăpat din vedere celor din jur.

În foarte scurt timp s–au aruncat unul în brațele celuilalt fără a se gândi la consecințe; ea avea doi copii mici, un soț extrem de complexat și zmucit, care abia îi aduseseră în Canada învățând cum să se adapteze, o adevărată aventură ca o furtună ce promitea a se transforma într–un uragan periculos.

Imediat după declanșarea *atracției fatale* dintre Romi și Sandra, s–au aruncat în primul avion fugind în America la Corpus Cristi, unde el avea niște legături la Celanese Corporation, cu baza în Elveția, pentru care lucrase pe când se afla în Anglia. Ideea lui era ca pentru orice situație limită să mai poată face ceva bani din colaborarea cu cei care–i știau bine capacitatea creativă de lucru.

Romi o părăsise definitiv pe Daniela, lăsându–i casa din Toronto, afacerea abia începută, deschizând la Corpus Cristi un fel de sucursală a companiei create inițial, pentru a avea o bază de subzistență, dar și să stea cât mai departe de locul unde pricinuise necazuri la patru oameni.

A inversat imediat funcțiile companiei lui, lăsând drept filială pe cea din Canada, unde se afla numai Daniela, timp în care a cumpărat o clădire nouă în Corpus Cristi dezvoltând acolo baza de lucru unde a angajat oameni și s–a lansat în proiectele mult visate. Uitase pe moment că nevasta părăsită fusese partener legal la crearea companiei, cu drepturi egale cu ale lui.

Daniela a sperat că este doar o rătăcire lăsându–l în toanele lui, dar nu pentru mult timp. Era speriată de necunoscut, debusolată de șocul dispariției celor doi îndrăgostiți, însă natura ei de a controla și comanda ca un jandarm o făcuse să–l piardă definitiv pe Romi. Rigidă, fără feminitate și lipsită de grija unei neveste care trebuie să mai pună pe masă şi o farfurie de mâncare sau un ceai, a sperat că el o va păstra pentru inteligenţă şi capacitatea ei de organizare a companiei, dar a dat greş!

Romulus a uitat–o repede, laş, dar şi sătul de negativismele cu care ea îl trăgea numai în jos, ca şi de prezenţa părinţilor pe care ea intenţiona să–i păstreze alături; şi–a văzut de interesele lui întru câştigarea prestigiului companiei nou create împărţită acum între Canada şi America. Găsise în Sandra femeia tânără, entuziastă şi caldă, supusă fără a–i comanda ce şi cum să facă, gospodina grijulie faţă de el, generozitatea şi forţa de necontestat în a muta munţii din loc, dacă el i–ar fi o cerut–o. Găsise exact ce avea nevoie pentru liniştea lui de creaţie ca şi pentru suflet.

Curajul cu care Sandra plecase din căsnicia ei nefericită aruncându–se în aventura cu Romi cu mare pasiune, l–au făcut să ignore sentimentul de culpabilitate că o părăsise pe Daniela; el n–o iubise, îi fusese doar necesară la momentul potrivit intereselor lui, deci a folosit–o, plătindu–şi însă obligaţiile din plin.

A înaintat divorţul după vreo patru ani de tărăgăneală că nu avusese motive şi s–a căsătorit cu Sandra. S–a simţit achitat că lăsase fostei neveste o casă plătită, i–a dat mână liberă să aibă un câştig bun de pe urma companiei şi destule alte avantaje pe care ea le–a folosit cu prisosinţă mai târziu.

Pe Daniela a schimbat–o mult plecarea lui Romi, devenind mai dură, uneori agresivă, rătăcită şi suspicioasă ca orice om rănit adânc în amorul propriu, reclamându–şi drepturile pe care le pierduse fără a recunoaşte. Se încăpăţâna să rămână agăţată de nişte himere, vorbea tuturor numai despre vechea ei legătură cu Romi, legătură

moartă de mult; *se comporta ca*
și cum el i–ar fi fost încă soț, timp
în care el nu știa cum să scape
din menghina ruginită a fostei
lui neveste. Sperase probabil că
ea se va retrage din combinația
ciudată în care se aflau, dar n–o
cunoscuse bine, sau nu putuse
bănui ce poate face o femeie
rănită care devine un crampon
de neînlăturat când vrea să
plătească niște polițe. Dacă
nu–l avusese pe el, trebuia să–i
rămână măcar veniturile care i
se cuveneau din parteneriat; a substituit demnitatea cu in-
teresul și a mers înainte sufocându–i cu prezența ei peste
tot: la compania din Corpus Cristi, unde se ducea destul
de des, plecând după ei în vacanțe, precum a cincea roată
la căruță, încercând o apropiere de Sandra pentru a afla
orice amănunt din viața lor, așezându–se între ei ca un
os în gât, ca o barieră grea ce blochează o trecere de tren,
așa încât trăia din evenimentele vieții lor invadându–le
constant spațiul vital.

A preferat să mențină o relație toxică, decât nici o
relație cu cel căruia nu i–a putut ierta faptul că a fugit
din viața ei ca un hoț. Poate că a avut dreptate, dar nu și
dreptul să i se agațe de gât pâna la moarte.

Și–a păstrat numele lui recomandându–se soția
lui, după zeci de ani de la divorț, nu avusese decența să
accepte respingerea și să dispară; rămăsese încleștată în
timpul acela de demult petrecut lângă el, timp pe care–l
oprise ca pe un ceas stricat la ora ce–i frânsese viața.

Trecuseră peste treizeci de ani în care Sandra cu Romi au înfăptuit lucruri mari, compania mergea bine, și–au mai construit o vilă la mal de ocean pentru musafiri și sfârșituri de săptămână, viața lor de familie era consolidată, copiii ei au terminat studiile aflându–se la casele lor, însă Daniela apărea mereu între ei fără a ține seama că era în plus.

Fusese acceptată ca un rău necesar, însă cel vinovat fusese Romi care nu a găsit curajul să rupă definitiv parteneriatul la afacerea începută de amândoi, dar organizată și dusă la succes de el cu Sandra alături. O trata pe Daniela cu o indiferență rece, dar politicoasă, chiar dacă ea îl sufoca cu intervenții nepotrivite în prezența altor oameni. Il simțeai cum vroia să se scuture de ea ca de–o haină veche mirosind a mucegai, dar nu reușise, Daniela trăindu–și nebunia de care nu mai putea fi vindecată.

Sandra reușise să–și construiască o citadelă solidă în jurul bărbatului iubit, să facă mai mulți bani din apartamentele cumpărate pe care le închiria, decât din compania lor, fusese întreprinzătoare și dinamică, neobosită și iubitoare veghind la succesele lui Romi.

Trăise numai pentru el, făcuse totul ca să–i ofere lui libertatea de creație, preluând greutățile organizatorice, mișcându–se din urma lui ca o umbra, respectându–i ego–ul exacerbat.

Romulus poate că avea un milion de calități, bune doar pentru el, dar și defecte greu de trecut cu vederea. Modul cum se aruncase la unele femei numai din interes scosese la iveală caracterul unui tiran capricios care a manipulat destinul să funcționeze strict după legile lui iraționale, brutale, cu un singur scop: satisfacerea ego–ului său, megalomania, suferință cu care își cam terorizase părinții, profesorii și colegii din școlile prin care trecuse.

Pentru fiecare treaptă din ascensiunea lui în profesie și satisfacții în viață folosise femeile pe care le–a părăsit pe măsură ce și–a încheiat câte o etapă.

Fusese însurat de patru ori, fără a mai pune la socoteală multiplele aventuri întâmplătoare și pe fiecare femeie, pe care a părăsit–o când s–a plictisit, a lăsat–o dezechilibrată pe viață.

Singura lângă care rămăsese de peste treizeci de ani a fost Sandra, poate o iubise fiind mai tânără, devotată și răbdătoare suportându–i toate toanele, sau îmbătrânind și–a dat seama că fără ea ar fi călcat mereu alături cu drumurile lui încâlcite către succesul absolut după care tânjise toată viața.

Era destul de bolnav, dar încerca să–și păstreze humorul făcând haz de el însuși, deși *nu învățase nimic de la viață.* Își navigase vapoarele iluzorii prin ape învolburate pentru obținerea laudelor și aplauzelor care să–i umple golul că n–a consumat totul, că n–a colecționat suficiente onoruri precum un stăpânitor al lumii, că nu și–a scris cartea vieții, sau că nu a lăsat moștenitori.

Va lăsa în urmă milioane de dolari, case, colecții de artă și cărți, proiecte neterminate, urmând același drum către infinit, întrând apoi în uitare, fără să se fi înălțat prin spiritualitate. Și–a construit numai socluri pe care să–și instaleze statuia poleită întru preamărire, distrugând în jur multe vieți de care nu i–a păsat.

Va părăsi această lume GOL și nefericit fiindcă nu a cunoscut miracolul luminii sacre care ne umple, ne transformă și în care ne vom disipa cu toții.

Așa i–a fost blestemul !

Fiul rătăcitor

Îl întâlneam uneori la Casa Scriitorilor, apoi la Muzeul Literaturii Române, sau în spatele clădirii acestuia, la o masă cu bere şi mici pentru discuţii aprinse pe teme literare. Aveam acolo câţiva prieteni buni care mi l—au prezentat pe Dragoş.

Era mai tânăr ca noi cu câţiva ani, fecior de ofiţer cu grad mare în armată şi cu poziţie bună pe la Sibiu, unde crescuse şi el, cam aiurit şi îngâmfat, studiase literele consumând prea mulţi ani ca să—şi termine facultatea. Ca să nu fie trimis profesor la ţară se aranjase prin relaţiile tatălui său să facă pe ziaristul, scria câte un articolaş pe ici—colo, trăia uşor şi bine însă citea mult, mânuia aproape perfect vreo trei limbi străine, avea o uşurinţă de *a se scălda* în limba română (cum spunea el) şi ne încânta când îl întâlneam la şuetele noastre frecvente. Noi îl bănuiam că nu prea învăţase mare lucru despre responsabilitatea unei adevărate profesii şi nu înţelesese că trebuie să mai şi produci ceva ca să poţi supravieţui în orice societate, dar nu l—am sfătuit să ia în serios viaţa, că orgolios cum era s—ar fi supărat.

Cam pierde vară cu pretenţii, găsea cunoscuţi peste tot, mânca şi bea pe la mesele lor plătind rareori, dar se arăta generos când se afla în prezenţa Tinei, amica lui studentă la medicină şi fiică de mare ştab din nomenclatura comunistă.

Călătorea frecvent între Sibiu și București, mai ales pentru ea, visa să ajungă director la vreo redacție, era simpatic și chiar de–l simțeai trișor în relațiile cu oamenii, era un partener de discuții antrenant și rafinat. Mie, îmi părea un om slab la fire, puțin timid, dar foarte manipulator, având în ochi o întunecime din adâncul căreia nu puteai ghici niciodată cu cine ai de–a face. Parcă mocnea in el un viciu care răbufnea prin ochii tulburați, părea un monstru al întunericu-

lui care-l făcea de nesuportat când bea și prindea curaj.

Au trecut anii, am plecat din țară și l–am uitat . Prin anul 2001 mă aflam prin Europa unde am încheiat călătoria la Paris, să stau câteva zile, cum făceam de obicei când avionul meu făcea escală acolo. M–am revăzut cu unul din grupul de prieteni care lucrase la Muzeul Literaturii Române și am început a face inventarul celor plecați din țară, mai ales după revoluția din 1989, care și pe unde se mai află. Așa am ajuns și la Dragoș!

— Știi că Dragoș a fugit din țară imediat după revoluție și l–am întâlnit pe aici, spuse amicul.

— Se află și el la Paris?, am întrebat eu.

— Nu, el a fugit și rămas în Austria, unde nevasta lui avea niște legături, dar a venit deseori să se plimbe aici, ca tot românul crescut în dorul culturii franceze, mai ales literații. Om fi noi rude cu italienii după istorie, dar suntem francofoni prin cultura şi bine facem. Franţa este mama noastră chiar daca ea ne consideră copii vitregi .

– Şi cum se descurcă Dragoş acolo, din ce trăieşte? S–a însurat cu Tina?

– Da, are şi doi băieţi, însă cred că acum s–au despărţit. A trăit nebunul ăsta şapte vieţi într–una, puţin inconştient, răvăşit şi nerealist cum îl ştiai, dar uite că a avut curajul să plece ştiind perfect germana, ca toţi sibienii, engleza învăţată din facultate, iar franceza din familie; cred că unul din bunicii lui că era francez. Pot să–ţi dau telefonul şi adresa lui dacă vrei.

– Nu, n–am pentru ce să–l caut, dar poţi să–i dai adresa mea de internet şi telefonul din State, dacă vrea să vorbească cu mine.

– Cred că a fost acolo o dată, dar pe coasta de vest, în California. Îmi tot spunea că, de nu se poate muta în Franţa, i–ar place să plece în America, dar nu–l prea văd cum. El este om de trăncăneală, nu de acţiune. Mai curând aş spune că... bate câmpii.

– Dacă vine în America, el care nu ştie să facă nimic, nu poate face decât taxiul, dacă ajunge într–un oraş mare ca New York–ul sau Los Angeles, şi dacă va rezista la ritmul diavolesc al muncii, altfel va muri de foame, cu facultatea de limbă română şi cu entuziasmul său de a nu lucra. Sigur că s–ar putea încadra în vreun grup de români care repară acoperişuri, zugrăvesc, fac mobile de bucătărie sau orice alte nevoi la care ar fi solicitaţi, dar neiubind munca e mai greu.

– Spiritul de aventură şi nepriceperea unora îi fac să fabuleze despre plecări pe tărâmuri necunoscute, în timp ce ei n–au învăţat cum să–şi câştige o pâine nici la ei acasă.

Talentul lingvistic este una, iar abilitatea de a găsi o cale să–ți câștigi existența, este alta, imi spuse el. Uite–te la mine cum mă chinui!

M–am despărțit de amicul cu care ne–am depănat amintirile la Paris și am plecat la aeroport pentru cursa de seară direct spre America. Asta era partea care–mi plăcea cel mai mult: mă urcam seara în avion la Paris și după opt ore de dormit sau moțăit eram acasă. La fel la venitul în Europa; petreceam o noapte în avion și a doua zi eram pe Champs–Élysées.

Întoarsă în State am uitat de Dragoș până într–o seară când am găsit pe computer un mesaj de la el. Din mesaje în mesaje și apoi vorbind la telefon am văzut că viața lui, după plecarea din România, fusese foarte contorsionată.

Se căsătorise de mult cu Tina și aveau deja doi copii când au plecat din țară chiar la revoluție, deși la momentul acela se afla după o lungă separare și în relații proaste. Ea era doctoriță și se gândiseră că va putea găsi mai ușor ceva de lucru pentru început, iar el să caute ce s–o nimeri.

Goana în care au fugit românii după revoluție, când granițele au fost deschise pentru un timp, nu le–a mai dat timp de gândire, ci numai de scăpare, în sensul de a pleca oriunde numai să iasă din incertitudinea acelor zile zbuciumate care miroseau a război civil.

Tina a lucrat pe lângă un medic român din Austria, apoi la un spital și astfel se descurcau numai cu salariul ei și ceva ajutor dat de stat pentru copii. La început Dragoș a ținut niște cursuri la o școală particulară, dar nu s–a mai dus la muncă pretextând că este prost plătit și are nevoie de timp ca să scrie pentru a se afirma și eventual a face ceva bani.

L–am cam luat la întrebări certându–l că nu a luat în serios nicio slujbă (nici nu avusese vreodată una ca lumea), apoi că putea să fi făcut acolo o niște cursuri de orice fel ca să capete un certificat sau o diplomă pentru a intra în fluxul normal de lucru al unei țări străine.

Cum mi se confesase de multe ori, am înțeles că pro- blema lui fusese teama sau incapacitatea de a se încadra la o muncă disciplinată, deci lipsa de antrenament în a păstra o slujbă, fiindcă în țară fusese un „taie frunză la câini", dar cel mai grav, era firea lui lunecoasă cu slăbiciu- nea pentru femeile de orice soi care–i ieșeau în cale, având timp destul când nevasta lui era la muncă zi și noapte.

Își iubea copiii și cred că era un tată bun, dar altceva nu știa și nici nu vroia să facă.

Avea o forță aproape hipnotică în a manipula și sunt sigură că așa o păcălise și pe Tina care îl mai iubea încă la plecarea din țară și mai spera să reînnoade relația lor.

Între certurile lor și timpul când el își căuta de lucru (mă duc să caut slujbă, dă Doamne să nu găsesc) s–a întâmplat că una din damele cu care își pierdea vremea, l–a făcut tată pentru a treia oară!

Săraca nevastă nu aflase încă, deși era pe urmele lui, nu neapărat fiindcă o înșela, ci pentru că trăia pe spinarea ei ca o căpușă pretextând că are grijă de copii, dar găsi- se timp pentru aventuri; ea întreținea trei oameni acasă, fiind singura care le asigura existența.

Frumoasă, fină, deșteaptă se păcălise măritându–se din dragoste cu Dragoș, deși tatăl ei fusese total împotriva

lui tocmai fiindcă–l ghici-
se a fi lichea, ochi alunecoși,
inimă zburdalnică, poate chiar
psihopat, deci iresponsabil
pentru a avea grijă de o familie.
Trăise ușor în România ca fiu
de semi–ștab și învățase numai
arta conversațiilor spumoase,
ca stâlp de cafenea.

La asta era maestru!

Când Tina a avut dovezile
că el o înșală cu cine și pe unde
poate, în timp ce ea lucra din
greu la spital și–a luat băieții și
s–a mutat de acasă.

Certurile lor au continuat, iar soțul întreținut s–a
supărat foarte că a fost lăsat (de parcă îl lăsase însărcinat),
iar mai târziu ea făcut o cădere nervoasă de atâta suferință,
când a decis să părăsească Austria ca să nu mai audă de
el. S–a mutat în Italia unde mai târziu s–a măritat cu un
coleg de meserie foarte bogat, ca să termine cu dezamăgi-
rile din viața ei frântă, și n–a mai profesat medicina.

Se află acolo mulțumită, călătorind acum pe tot globul.

Curând după ce copiii au fost luați de mama lor, n–au
mai vrut să stea cu așa zisul tată vitreg, poate și din cauza
limbii, ei fiind de mici pregătiți pentru germană așa încât
Tina i–a trimis înapoi lui Dragoș ca să–și termine școala
începută în limba care le era la îndemână .

Dragoș fusese singur, deci trăise vreo doi ani de
libertate numai în petreceri și aventuri pe gustul lui, iar
această surpriză l–a găsit complet nepregătit!

Prima suferinţă a fost când Tina l–a părăsit, că–şi pierduse sursa de existenţă, iar acum era disperat că i–a pus în braţe băieţii să le ducă de grijă, dacă tot nu vroia să facă nimic.

În timpul când fusese singur şi liber ca pasărea cerului l–a căutat individa care–l făcuse tată pentru a treia oară. S–au revăzut şi atunci au făcut convenţia să nu se căsătorească, iar el să nu aibă nicio responsabilitate privind întreţinerea copilului, ci numai să–i recunoască paternitatea.

Vestea că mai are un alt copil cu o altă femeie a deteriorat relaţia lui cu ceilalţi doi băieţi şi a creat noi tensiuni cu fosta soţie care nu i–a mai trimis bani pentru ei, mai ales că nu mai locuia în aceiaşi ţară şi nu putea fi constrânsă legal ca să plătească.

Amuzant era că el o acuza de faptul că plecase de acasă şi asta mi se părea chiar absurd. Auzi domnule, ce femeie fără suflet să–şi părăsească soţul care nu vroia să muncească, dar se culca cu cine nimerea şi mai făcuse şi un copil prin vecini!?

Îşi mai găsise el o altă iubită în Franţa dar... se pare că nu s–a putut arunca cu copii cu tot la viaţă de–a gata pe care şi–o dorea el.

Cameleon în comportare, încerca să–şi ascundă slăbiciunile sub imputările făcute Tinei, îşi ducea viaţa fără a–i păsa prea mult, trăind din ajutorul dat de stat, iar rareori, când intra în panică că nu mai are cu ce–şi plăti chiria, se ducea la spitale sau casa de bătrâni unde făcea diverse munci fizice pentru care era plătit cât de cât, după care iar se întorcea la aventurile sau petrecerile nesfârşite ca să uite.

Ultimul copil născut devenise acum preocuparea lui, pretinzând că–l adoră, împărţindu–se între apartamentul lui cu cei doi băieți și cel al amantei care–i dăruise băiatul la care mergea deseori la sfârșit de săptămână. Mai scria câte un articol pe la diverse reviste, lăudăros și foarte plin de el, cerșea admirație pentru fiecare rând ce punea pe hârtie.

Bratisima

L–am reîntâlnit în România unde mi–a rămas dator niște bani spunându–mi pe loc că „ce de bani a văzut la mine când am deschis poșeta"!? (fiind lei ro- mânești care păreau mulți din cauza volumului, nu a valorii lor reale).

A dispărut atunci după fusta unei prostituate pe care a fugărit–o seara după un miting și dus a fost. Mi s–a făcut milă de el fiindcă, la cât era de pârlit, nu–și putea permite alături o femeie de calitate și când domnul scriitor venea în România alerga după orice zdreanță numai ca să–și eli- bereze hormonii. Am gândit la înțelepciunea Tinei care s–a lepădat de el la timp și l–a lăsat se scalde în propria lui mizerie morală și materială.

N–am mai auzit de el o vreme, după care m–a sunat într–o zi să–mi spună mândru că băieții sunt la facultate, iar el și–a schimbat adresa și telefonul, locuind la indivi- da care îi dăruise ultimul copil. Găsise așadar un colț pe care să se reazeme și să se laude mândru că are un băiețel foarte deștept de doi ani, la cei peste cincizeci ai lui. Cu ce altceva să se fi lăudat?

Se pare că pe bărbați îi măgulește ideea că devin tați la vârsta a doua ca și cum asta le–ar proba virilitatea.

Mă căutase din nou să mi se laude că i s—au publicat niște cărți, că este foarte apreciat, ba chiar ar fi propus pentru un mare premiu și—mi va trimite niște cărți scrise recent.

Gogorițe!

Mi—am amintit că în urmă cu ani am încercat să pun în funcțiune toate legăturile mele din Europa și America, pe care nu le folosisem pentru mine, cu dorința de a—l ajuta să facă niște bani. A dezamăgit pe fiecare dintre persoanele contactate, trișând, iar eu am primit reproșuri pentru că dovedise a nu fi în stare să facă absolut nimic din ceea ce a promis și pretindea că știe. Un ratat cu pretenții pe care nu l—am înțeles, dar l—am iertat.

Acum, Dragoș se apropie de șaizeci de ani reușind performanța de a nu fi lucrat niciodată în viață. Când merge în țară se laudă cu ce lucruri mărețe a înfăptuit el (doar are nume de domnitor) de la plecare, în 1989 până acum, în prezentarea lui pe internet scriind niște povești pe care probabil unii le și cred, și mai merge pe la Sibiu unde le spune celor ce vor să-l asculte ce apreciat scriitor este.

Mincinos patologic!

Mai de curând a spus cunoștințelor că vrea să—și cumpere o casă lângă București ca să fie aproape de mișcarea literară în care se simte obligat să participe ca poet și scriitor de marcă!?

Cu adevărat „marcă" bună pentru ...talcioc.

Cuprins

Argument 5
Portrete 7

Uite Popa, nu e Popa 9
Norocul prostului sau prostia norocului 22
Salteluța Tribunalului 29
Iedera 36
Afară–i vopsit gardul, înăuntru–i leopardul 55
Tatăl 62
Ursul păcălit de vulpe 70
Dama fără camelii 83
Undeva, în Australia 96
Scorpionul 107
Cumătra vulpe la ales, cumătra vulpe la cules... 114
Consolarea 126
Mârșavul târg 132
Scrisoarea Isabellei 138
Momâia 170
Simbioze 174
Alabama Burning 190
Blestemul etern 213
Fiul rătăcitor 222

Tipografia **DOCUPRINT** dᴘ Editura **BABEL**
Tel: 0234 - 588 930 / 0744 - 774 818
docuprint@clicknet.ro Bacău, str. Letea nr. 30 bis